Eleni Delidimitriou-Tsakmaki

Die Stoffpuppe

Romiosini

Eleni Delidimitriou-Tsakmaki

Die Stoffpuppe

Aus dem Neugriechischen von Ruth Jaeneke und
Georgios Salakides

Romiosini

Aus dem Neugriechischen von Ruth Jaeneke und

Georgios Salakides

Vertrieb: Moll & Eckhardt Buchvertrieb
Zülpicher Str. 174, 50937 Köln
Tel.: 0221/ 42 73 65 – 66
Telefax: 0221/ 42 57 10

Umschlagentwurf: Wassiliki Georgallidis unter Verwendung
einer Zeichnung von Petros Papapostolou.
Die Bilder stammen vom Album der Autorin.

Satz: Ruth Jaeneke
Korrekturen: Bettina Rüsch – Joana Louvros-Ankel

Gesamtherstellung:

ISBN 3-923728-89-1

Wir kehren bald zurück, spätestens
in zwei Jahren...

Seit dreißig Jahren lebe ich jetzt schon unter dem trüben Himmel von München.

Meine Kinder sind groß geworden und haben das Haus verlassen. Nun wachsen auch meine Enkelkinder heran, denen ich half, sooft sie mich brauchten.

Jetzt habe ich mehr Zeit für mich selbst. Allerdings erdrücken mich die vier Wände meines Hauses. Die große Stille stört mich, ich ertrage sie nicht.

Früher suchte ich ein wenig Ruhe, ein wenig Erholung, und fand sie nicht vor lauter Verpflichtungen den Kindern gegenüber und durch ihren Krach.

Jetzt, da ich das hinter mir habe, scheint mir mein Leben leer, ich will mit irgendjemandem reden, alles erzählen und mir Luft machen.

Ich nehme Stift und Papier und notiere alles, woran ich mich in meinem Leben erinnere. Das ist die einzige Art, die langen Tage im fernen München zu verbringen, in das ich vor vielen Jahren kam, eine junge Frau noch, mit vielen Träumen.

«Wir kehren bald zurück», sagte ich allen. «Spätestens in zwei Jahren, bis wir uns ein eigenes Haus bauen. Paßt mir bloß auf die Kinder auf, und schreibt mir oft.»

Aus zwei Jahren wurden dreiunddreißig und wer weiß, wieviele noch vergehen werden, bis ich meine Augen schließe. Jetzt weiß ich, als ich damals den Vertrag für ein Jahr Deutschland unterschrieb, unterschrieb ich ihn für mein ganzes Leben. So, wie die Dinge sich entwickelt haben, bin ich gefesselt und kann mich nicht lösen und fliehen, mich endlich losreißen, um in mein Haus zurückzukehren, das ich so viele Jahre mit Liebe herrichtete und so alles zusammentrug: «Da, das für Griechenland, und das für mein Haus.»

Jetzt, da alles fertig ist, könntet ihr mich fragen, wieso gehst du nicht endlich? Ich denke auch daran, aber ich bin unentschlossen, ich weiß nicht, was ich will. Wie soll ich gehen, wo sich meine Kinder mittlerweile alle hier niedergelassen haben? Daran denke ich jeden Abend um die Zeit, wenn der Tag der Nacht begegnet, die Uhren stehenbleiben und sich meine Gedanken in der Vergangenheit verlieren. Darum habe ich alle Erinnerungen aus meinem Leben, böse und gute, traurige und fröhliche, zusammengetragen und sie diesem weißen Blatt Papier anvertraut.

Meine Geschichte beginnt etwa 1942. In jenen Kriegstagen, als der Hunger die Menschen hinwegraffte, die alle ihr letztes Hab und Gut für ein Stück Brot hergaben. Sogar ihre Kinder. Und das war auch bei mir der Fall.

Manchmal erwacht in mir die Vergangenheit, meine Kindheit, so stark, daß ich glaube, das Vergangene zu durchleben.

1

Wie Traumbilder erscheinen vor mir meine zwei Mütter.

Das erste, woran ich mich deutlich erinnere, ist, daß ich eines Abends in unserem ärmlichen Haus einschlief, und als ich aufwachte, war ich bei einem fremden Ehepaar, das keine Kinder hatte und das mich aufnahm. Von meinen vier Geschwistern war das Los auf mich gefallen.

Wie ich später erfuhr, als ich größer war, war mein leiblicher Vater gestorben und hatte fünf Waisen hinterlassen – ich war das vierte in der Reihenfolge – alle eines nach dem anderen. Das kleinste war ein Jahr alt, das älteste vierzehn.

Ich war damals vier Jahre alt und begann gerade zu verstehen, was um mich herum vorging. Der Vater war gestorben. Wegen seiner Krankheit waren das Haus und die Felder für einen Appel und ein Ei verkauft worden.

Sonst blieb uns nichts. Nur bittere Erinnerungen.

Meine Mutter und meine Großmutter, die Mutter meines Vaters, beschlossen, uns aus dem Dorf Sangliveri zu nehmen, in dem wir geboren waren, um mit uns in eine kleine Stadt bei Katerini, zu Onkeln von uns zu gehen, die sich um uns kümmern sollten.

Wie sie mir später erzählten, haben sie unsere wenigen Habseligkeiten gepackt, und wir brachen mit einem kleinen Zug auf, der um den See bei Langadas herumfuhr. Wir erreichten Thessaloniki und von einem kleinen Hafen aus bestiegen wir ein Boot, das mit Kohle beladen war.

«Wir fahren nur bis Methoni», sagten sie zu uns, «wenn ihr mitgenommen werden wollt.»

«Wenigstens etwas», sagte die Großmutter, «mit Gottes Hilfe finden wir von dort eine weitere Möglichkeit.»

Für ein anderes Verkehrsmittel war kein Geld da. Ich sah zum ersten Mal das Meer, und das viele Wasser beeindruckte mich. Was wäre, wenn wir hineinfielen? Ich faßte Mutters Kleid und bettelte, in die Arme genommen zu werden. Sie hielt mein kleines Schwesterchen, das gerade zehn Monate war. Mutter gab das Baby der Großmutter, als sie meine große Angst sah, und nahm mich in die Arme. Ich fühlte eine merkwürdige Wärme und Geborgenheit, und am liebsten hätte ich ihren Schoß nie wieder verlassen.

Sie teilte uns das wenige Brot aus, das sie bei sich hatte. Wir tranken gemeinsam Wasser aus einer Flasche. Nach vielen Stunden erreichten wir Methoni. «Hier steigen wir aus», rief Mutter und setzte uns einen nach dem anderen ab. Sie dankte dem hilfsbereiten Menschen, der uns bis dorthin gebracht hatte, und wir machten uns zu Fuß auf den Weg Richtung Katerini.

Wir durchquerten einige Dörfer, und der Weg war unendlich. Es war kein Brot mehr da, und wir jammerten alle: «Wir haben Hunger!» Wir setzten uns unter einen Baum außerhalb des Dorfes, um uns auszuruhen. Das Baby weinte. Die Mutter stillte es, und mein Bruder sagte: «Das Baby hat Glück, es hat zu essen.» Um uns herum entdeckten wir wilde Maulbeerbäume, und wir fingen an, Maulbeeren zu essen, um das Hungergefühl zu stillen.

«Da kommt ein Esel», rief mein Bruder, und wir rannten alle hin, um ihn zu sehen. Ein alter Mann und eine alte Frau kehrten von ihrem Feld zurück; sie wünschten uns einen Guten Abend und fragten uns, woher wir kämen. Als die beiden erfuhren, was wir durchgemacht hatten, boten sie Großmutter und Mutter an, uns für diese Nacht aufzunehmen. Mit Freude nahmen wir an und brachen zu ihrem Haus auf. Unsere Freude wurde noch größer, als wir sahen, wie die Frau den Tisch deckte. «Setzt euch, meine Kleinen», fordert sie uns auf. «Kommt alle her, ihr habt einen weiten Weg hinter euch und werdet Hunger haben.»

Wir ließen uns kein zweites Mal auffordern. Wir setzten uns alle an den gedeckten Tisch, und Großmutter bekreuzigte sich: «Gelobt sei der Herr! Möge euer Tisch immer reich gedeckt sein. Wo stammt ihr her?» – «Aus Smyrna», sagen die Alten. – «Ja so was», sagt meine Großmutter, «auch wir sind von dort geflohen.» Und sie vertieften sich in ein Gespräch über die guten alten Zeiten in Smyrna.

«Ach, wo sonst gab es einen solchen Überfluß, die Meze, Pasturma, das weiße Brot, die gefüllten Truthähne. Inschallah, Gott gebe, daß wir das alles auch hier finden.»

Von der weiten Reise waren wir alle müde, und sofort übermannte uns der Schlaf. Die Frau brachte eine große Matratze, einige Decken, und legte sie hin. «Nehmt für heute damit vorlieb», sagte sie, «am Morgen sehen wir weiter.» Wir legten uns alle nebeneinander und strampelten vor

Freude mit den Beinen, als wir sahen, daß unsere Mutter die Ikone der Heiligen Barbara hervorholte, die sie immer bei sich trug, um sich für den heutigen Tag bei ihr zu bedanken.

Von dieser Ikone, ein Geschenk ihrer Schwiegermutter zu ihrer Hochzeit, da sie ja auch Barbara heißt, trennte sich Mutter nie. Sie bedankte sich bei ihr Für jede Freude und bat sie in jedem Kummer: «Möge es dir immer gut ergehen, Heilige Barbara, die du mir die Kraft gabst, den Verlust meines Mannes zu ertragen, und gib mir Kraft, mit deiner Hilfe alle meine Kinder großzuziehen.»

So sah ich sie immer, schwarz gekleidet in ihrer schönen Gestalt, gerade dreißig Jahre alt, ihre Haare nach hinten zu einem Haarknoten zusammengebunden, und ich bewunderte sie, aber dieser schmerzerfüllte Blick veränderte sich nie.

Der nächste Tag verlief nicht so glatt wie der vorangegangene. Wir liefen und liefen und der Weg nahm kein Ende. Wir jammerten über unsere Füße und wollten auf den Arm genommen werden. Bis unsere Großmutter uns ihre Füße zeigte. Sie waren wundgerieben und das Blut rann heraus. Sie zerschnitt eine Babywindel und verband sie. Mutter sprach nicht und klagte über nichts. Ihre Füße waren geschwollen und paßten nicht mehr in die Holzlatschen, die sie trug. Ihre Lippen waren aufgedunsen, und ihre Haare hatten sich gelöst.

Zu unserem Glück kam ein Karren vorbei. «He, Kutscher,» ruft ihn Großmutter, «nimmst du uns nicht ein Stückchen auf deinem Karren mit?» – «Steigt auf», sagt der

Mann. Wir machten es uns auf dem Boden bequem, und Mama öffnete das Bündel, das uns die beiden, die uns die vorige Nacht aufgenommen hatten, mitgegeben hatten, und verteilte das Brot und den Käse unter uns.

Es war schon ganz dunkel geworden, als wir unser Ziel erreichten.

«Hier wohnt euer Onkel», sagt Großmutter und klopft ohne zu zögern an die Tür. «Willkommen», sagte meine Tante, die wir geweckt hatten, und die sich die Augen rieb, «aber ihr müßt bis zum hintersten Haus gehen, da wo die alte Margitsa wohnt, da müßt ihr klopfen.» Wir fanden das Haus bald, weil es das letzte des Dorfes war. Kyra Margitsa hieß uns willkommen und zeigte uns ein großes Zimmer. «Hier werdet ihr bleiben», sagte sie uns, «und wie wir mit eurem Onkel ausgemacht haben, werdet ihr mir beim Vieh helfen und bei den anderen Arbeiten, denn ich schaffe das nicht mehr alles alleine, seit ich Witwe bin.»

Vom nächsten Tag an begann ein neues Leben für uns. Mein Bruder hütete den ganzen Tag die Kühe, Mutter war auf den Feldern, genau wie Großmutter – wo es gerade Arbeit gab.

Auf uns paßte meine große Schwester auf. Aber dieses verspielte Ding fand Mädchen in ihrem Alter, sie vergaß zurückzukehren und das Baby weinte. Wir liefen auf der Tenne herum und spielten mit allem, was wir fanden – mit Steinen, Erde, Holzstücken, denn Spielzeug gab es damals nicht. Trotzdem waren wir zusammen sehr glücklich. Wenn es dunkel wurde, warteten wir auf Mutter, und während sie uns Trachanas* kochte, erzählten wir ihr, was wir getan hatten. «Mutter», sage ich zu ihr, «soll ich dir die neue Puppe zeigen, die Angeliki mir genäht hat? Sie hat den Stoff von deinem alten Kleid genommen, und sie hat ihr auch Augen und eine Nase aufgestickt, sie ist so schön!»

So verging eine lange Zeit; ich spielte mit meinen Geschwistern unbekümmert auf den Dorfplätzen, aber es scheint, daß uns ein Böser Blick auseinanderbringen wollte.

Seit einiger Zeit kam uns ein Ehepaar besuchen, und sie diskutierten leise, manchmal griechisch, manchmal türkisch, und sie deuteten immer auf mich. Das Ehepaar konnte keine Kinder bekommen, und sie baten meine Mutter und meine Großmutter, mich zu ihnen zu geben, damit auch sie sich als Mutter und Vater fühlen konnten, was die Natur ihnen verwehrte.

«Bei uns wird es ihr gutgehen. Es gibt reichlich zu essen, und wir werden gut auf sie aufpassen. Wir haben sie doch schon lieb gewonnen.» Meine Mutter wollte nicht, so arm sie auch war, aber nach vielem Bitten der Frau gab sie nach, zu meinem Besten, und sie sagte zu ihnen mit zitternder Stimme:

«Wir probieren es erst, ob ich es ohne das Kind aushalte. Wenn nicht, werde ich es zurückholen.» – «Ja natürlich», sagten sie, «aber wir wollen dem Kind am Anfang nicht zu viel zumuten, komm nach einem Monat, um es zu sehen, und du wirst ihm als Tante vorgestellt.»

---

* In Milch gekochte Graupen, die gewöhnlich als Suppe zubereitet werden.

Nachdem sie sich einig geworden waren, fragten sie auch mich, ob ich mit ihnen gehen will. «Sie haben ein eigenes Haus mit vielen Bäumen, Landgütern, verschiedenen Tieren und mit vielen, vielen Spielsachen», fügten sie hinzu, um mich zu überreden. «Nein», sagte ich fest, «zum Spielen habe ich meine Geschwister.» Was das Essen anging, reichten mir der Trachanas und die Weizengrütze, die ich aß. Als mein großer Bruder die Unterhaltung hörte, wußte er sofort, was sie vorhatten, und mit einer kleinen Ausrede zog er mich hinaus, packte mich auf seinen Rücken, und wir verschwanden in den Feldern. «Hör genau zu, Eleni», sagte er zu mir, «Für heute sind wir entwischt, morgen vielleicht nicht mehr, deshalb mußt du immer daran denken, daß wir dich lieben, und wir werden dich finden, wo auch immer du hingehst, auch wenn du groß bist. Jetzt werden die dich mitnehmen, die hier sind. Sie werden für dich Mama und Papa sein.» «Aber ich will nicht», sagte ich und weinte.

Es dämmerte schon, er nahm mich wieder auf seine Schultern und brachte mich zurück, als er merkte, daß sie schon gegangen waren.

Aber am nächsten Tag entkam ich nicht. Wir hatten uns alle schlafen gelegt. Ich hielt meine Stoffpuppe fest umklammert und schlief ein.

Ich merkte nichts. Wann sie wiedergekommen waren, was sie besprochen hatten, wie sie mich mitnahmen und in ihr Haus fuhren, das fünf Kilometer entfernt war. Unterwegs erwachte ich kurz und fühlte, wie mich zwei kräftige Männerarme festhielten, als wäre ich etwas sehr wertvolles, als wäre ich ihr ganzes Leben. Sie sprachen leise und lachten, sie waren stolz auf mich wie auf ein göttliches Geschenk in ihrem Leben. Mit meinem kindlichen Instinkt begriff ich sofort, was geschehen war. Stumme Tränen kullerten über meine Wangen, und ich bemühte mich, wieder einzuschlafen. Vielleicht ist es ein Traum, dachte ich, und wenn ich wieder aufwache, bin ich wieder bei meiner Familie.

Als sie zu Hause angekommen waren und mich ins Bett legten, wickelte ich mich so fest ein, wie ich konnte, damit man meine Zähne nicht vor lauter Angst klappern hörte. Bald fiel ich wieder in Schlaf, in einen tiefen Schlaf mit schrecklichen Alpträumen. Ich spürte zwei Hände, die mich gewaltsam aus den Armen meiner Mutter rissen, sie versuchte verzweifelt, mich zu halten, aber sie schaffte es nicht. Die beiden Hände waren stärker, sie rissen mich los und wir verschwanden. Ich sah, wie meine Geschwister hinter mir herrannten und sich allmählich verloren.

Am Morgen wachte ich auf, und als ich mich strecken wollte, fühlte ich ein Gewicht auf meinen Füßen und eine seltsame Wärme. Ich streckte meine Hand aus und spürte etwas Wolliges. Ich wußte sofort, daß es zwei Katzen waren, die auch nach etwas Wärme suchten und sie an meinen Füßen gefunden hatten. Beide begannen gleichzeitig zu schnurren. Es war, als ob auch sie mich auf ihre Art willkommenheißen würden, und sie rieben sich an mir, als wollten sie mich trösten.

So lag ich lange, ohne mich zu rühren. Mein Körper und meine Seele waren wie eingeschlafen. Es bringt nichts, wenn ich mich noch länger schlafend stelle, dachte ich, und richtete mich in meinem Bett auf. Ich musterte das Zimmer, alles war neu für mich. Gegenüber meinem Bett war ein anderes großes, in dem meine Adoptiveltern noch sorglos schliefen. Aus ihren Gesichtern sprachen Ruhe und Zufriedenheit.

In der Zimmerecke war ein schöner weißgestrichener Kamin, mit Holz zum Anzünden darin gestapelt. Auf dem Kaminsims stand eine Uhr ich konnte die Uhr noch nicht lesen und sie bewegte die Augen mit jedem Schlag nach rechts und links. Das beeindruckte mich und ich betrachtete sie lange, bis auch meine Augen sich hin und herbewegten, und ich konnte nur schwer damit aufhören. Außerdem gab es eine Petroleumlampe und daneben ein Foto meines Adoptivvaters, als er jung und hübsch war, mit schwarzem Schnurrbart und Seitenscheitel. In der anderen Ecke befand sich ein großes Brett, über zwei stabile Holzstümpfe gelegt, und mit einem Flickenteppich zugedeckt. Das war das Sofa.

Mitten an der Wand war ein Hängespiegel, ein wenig schief, der sofort meine Aufmerksamkeit auf sich zog, weil er groß war und an den Seiten einige Postkarten festgesteckt waren. Ich stellte mich auf meine Zehenspitzen, ging zum Spiegel und betrachtete lange mein Gesicht, während ich meine Augen noch nach rechts und links wandern ließ, wie die Uhr. Eine Vase mit Gartenblumen, ein Kohlebecken aus Bronze und auf den Holzdielen ganz saubere Flickenteppiche. Neben meinem Bett eine Schachtel mit verschiedenen neuen Spielsachen. Ich wollte voll Verlangen nach ihnen greifen, aber meine Hand faßte wie von selbst nach meiner Stoffpuppe. Ich begann, mit ihr zu reden: «Gefällt dir unser neues Zuhause? Mir gefällt es.» Meine Adoptivmutter Dimitria hatte das gehört; sie kommt aus dem Bett auf mich zu, lächelt und streichelt mich: «Gefällt dir dein Bett, meine kleine Eleni? Dein Vater hat es für dich gebaut.» Beim Wort «dein Vater» zuckte ich zusammen. Denn ich hatte keinen Vater. Er war gestorben. Das hatte ich so oft von den Verwandten gehört, wenn sie uns «Waisen» nannten. Aber in diesem Augenblick sah ich zwei männliche Augen auf mich gerichtet. Als würden sie mir sagen: «Ich bin von jetzt an dein Papa, und ich liebe dich schon jetzt wie mein eigenes Kind.» Ich fühlte mich sofort zu ihm hingezogen. Es war überwältigend, einen Papa zu haben wie alle Kinder der Welt. Er nahm mich in seine Arme, und ich fühlte mich sofort sicher und geborgen. Ich war keine Waise mehr. Ich sah zwei Tränen in den Augen meiner Adoptivmutter, als würde auch sie mit Sehnsucht auf meine Umarmung warten, um ein Kind in ihre Arme zu nehmen und allen zu zeigen, was für eine tüchtige Mama sie war; um nicht mehr die hämischen Worte zu hören, die sie mit jedem «Du hast ja kein Kind!» verletzten.

Ich fiel ihr weinend in die Arme und sah gleichzeitig die Gestalt meiner wirklichen Mutter vor mir, die mich schmerzerfüllt und doch freudig ansah. Als würde sie mir sagen: Zu deinem Besten!

Als ich Zutrauen gefaßt hatte, sprudelten die Fragen wie ein Wasserfall. Für alles um mich her wollte ich eine Erklärung haben und brachte sie damit in Verlegenheit, denn sie wußten nicht, was sie antworten sollten. «Wieso bewegt die Uhr ihre Augen? Bleibt sie stehen, wenn sie müde ist? Zeigt sie dann nicht die Uhrzeit? Wieso hängt der Spiegel so hoch, daß ich meine Füße nicht sehen kann? Wieso steht euer Bett auf zwei Dreifüßen, so daß ich nicht auf den Ecken sitzen kann?» «Weil die Bretter dich an deinem Kopf treffen können, wenn du auf einer Ecke sitzt», sagten sie mir. Aber ich versuchte es ganz vorsichtig, um zu sehen, ob sie die Wahrheit sagten. Und irgendwann, als ich mich mit Schwung darauf setzte, stürzte alles ein. Man hörte fallende Bretter und ich lag unten platt auf dem Rücken und weinte und schluchzte vor Schreck. Mein Vater nimmt einen Hammer und einige große Nägel und nagelt alle Bretter fest auf die hölzernen Dreifüße und die Dreifüße an den Boden, damit etwas derartiges nie wieder passierte.

In der folgenden Nacht nahmen sie mich aus Freude zum Schlafen zwischen sich in ihr Bett, und sie dachten nicht daran, daß ich mich daran gewöhnen könnte, und sie es mir nicht leicht wieder abgewöhnen könnten, bis ich älter wurde und von alleine begriff, daß es nicht richtig war.

Dann kam die Neugier ihrer Verwandten. Als sie hörten, daß sie ein Kind angenommen hatten, kamen sie bald, um mich zu sehen und sich ein Urteil darüber zu bilden, was ich für ein Wesen sei. Manche fanden mich ganz niedlich und aufgeweckt, und manche bläßlich und kränklich. Mein Papa hob mich hoch in seine Arme, damit ich nichts davon mitbekam, und sagte: «Niemand hat eine hübschere Tochter als die meine, ich tausche sie nicht gegen allen

Reichtum dieser Welt.» Wenn es jemand wagte, ein schlechtes Wort über mich zu äußern, hatte er sein Haus nie wieder zu betreten.

Er war streng und unbeugsam. Eine harte Nuß, wie wir sagen. Er brüllte oft, wie alle Männer dieser Zeit. Aber mit mir ging er behutsam um, und er zeigte mir immer seine Liebe, auf verschiedene Weise. Wie einmal an meinem Namenstag, beim Fest des Heiligen Konstantin und der Eleni. Frühmorgens ging er zu einem Freund, der Welpen hatte, und brachte mir einen. Er setzte ihn unter mein Bett, bevor ich aufwachte. Ich hörte ein schwaches Winseln und wußte zuerst nicht, woher der Laut kam. Als ich ihn ängstlich unter dem Bett hervorkriechen sah, war ich vor Freude ganz außer mir. Ich nannte ihn Asor, und er wurde mein treuer Freund.

Während ich einmal draußen im großen Hof spielte, versteckt in den Bäumen, beobachtete mich von draußen ein Junge. Er bückte sich, so tief er konnte, unter den Spalt des Holzzaunes, um mich besser sehen zu können. Es war Vangelis, mein großer Bruder. Er hatte seine saubere, geflickte und zu weite Hose an der Hüfte fest zugeschnürt. Anfangs konnte er sich überhaupt nicht damit abfinden, daß ich nicht mehr bei ihnen war; deshalb büxte er von Zuhause aus und lief fünf Kilometer, um mich zu sehen. Dann lief er voller Freude ins Dorf, um den anderen die Neuigkeiten zu erzählen. Die Mutter schimpfte mit ihm: «Lausebengel, paß auf, daß dich ihr Vater nicht sieht und dich zurechtweist. Du hast gehört, wie er mir sagte, daß wir eine Weile nicht erscheinen sollen, damit sie nicht immer an uns denkt.»

Aber das gefiel Vangelis nicht, daß ich sie vergessen sollte. Eines Tages, als er mir am Zaun auflauerte, als ich spielte, hörte ich, wie leise mein Name gerufen wurde. Ich sah nichts, und die Holztür war immer mit einem ganz hohen Riegel verschlossen, an den ich nicht heranreichte. Ich lief zum Türspalt. Man sah nur wenig, ich erkannte ihn:

– «Eleni, ich bin es.»

– «Nimm mich mit», sagte ich zu ihm und weinte.

– «Das geht nicht, wo soll ich dich verstecken? Ich hüte jeden Tag die Kühe. Aber sonntags komme ich, um dich zu sehen.»

Aber plötzlich begann er wegzulaufen, als er sah, daß sich mein Vater näherte, um nachzusehen, wer da sei. Seit damals ist er nicht mehr aufgetaucht. Auch meine Mutter schimpfte mit ihm, daß er nicht wiederkommen und mich so aufwühlen solle.

Die Tage und Monate vergingen und wir wurden uns so eng vertraut: der starke Papa, meine zärtliche Mama und ich. Ich hatte mich irgendwie an die neue Umgebung gewöhnt. Aber so klein man auch ist, so gut man es auch hat, bestimmte Dinge vergißt eine Kinderseele nie. Die Regel stimmt, vom Blut, das sich anzieht. Manchmal verzichtete ich auf meine Spielsachen und hockte unter einem Baum. Von dort aus überblickte man den Weg, und ich beobachtete ihn unablässig, als würde ich etwas erwarten. Ich wußte, daß ich auf meine wirkliche Mutter wartete, die nicht erschien, aber ich wagte nicht, nach dem Warum zu fragen.

Aber eines Tages ging mein Traum in Erfüllung. Genau in dem Moment, in dem ich sie erwartete, sehe ich an der Straßenbiegung meine Mutter kommen, die Holztür zum Garten öffnen und ein wenig unschlüssig eintreten. Mit ihrem immer traurigen Gesicht, ihrer schönen Haltung geht sie den Weg weiter, der auf unser Haus zuführt. Wieviele Monate auch vergangen waren, ich erkannte sie sofort wieder. Etwas wunderschönes wurde in mir wach, mich hielt nichts mehr, und mit dem Aufschrei «Mama, liebe Mama» lief ich in ihre Arme und fragte: «Bist du gekommen, um mich zu holen?»

Ich sehe in ihren Augen Tränen schimmern. Sie riß sich zusammen, um sie nicht zu vergießen, sie schluckte sie hinunter und sagte mit ihrem ganzen Mut: «Mein Kind, ich bin nicht deine Mama, ich bin deine Tante. Deine Mama ist Dimitria, ich hatte dich eine kurze Zeit bei mir, bis Dimitria sich wieder von ihrer Krankheit erholt hat, und jetzt hat sie dich wieder zu sich genommen.»

Ich tat so, als würde ich ihr das glauben, und ich sagte ihr: «Das macht nichts, ich will zwei Mamas haben, und ich liebe euch beide genauso... Aber du mußt häufiger kommen, ich will dich doch auch sehen.»

Als meine Adoptiveltern den Vorfall bemerken, stürzten sie beide hinaus. Sie glaubten, ich würde weinen, um mit ihr zu gehen. Als sie meinen Papa sah, der sie verärgert anblickte, als wollte er sagen: «Was bist du jetzt gekommen, um uns unsere Ruhe zu zerstören?», begriff ich sofort; und um zu verhindern, daß sie ihr etwas Böses sagten, rief ich: «Papa, Mama, meine Tante ist uns besuchen gekommen.»

Da beruhigten sie sich etwas. Ich lief zwischen ihnen hin und her und tat unbekümmert, aber manchmal griff ich nach dem Kleid meiner wirklichen Mutter und dachte: «Jetzt, da sie wieder weggeht, werde ich mich daran erinnern, daß ich etwas von ihr angefaßt habe.»

Sie sprachen teils lebhaft, teils ruhig, manchmal griechisch und manchmal türkisch. Ich hörte aus ihren Worten heraus, daß mein Papa ihr verbot, mich besuchen zu kommen, bis ich groß wäre und vergessen hätte, zu meinem Besten, sagte er zu ihr. Er dachte nicht daran, daß auch ein Kind empfindet und nicht leicht vergißt.

Das Bild, wie sie um die Ecke bog, als sie ging, das werde ich nie vergessen. Ihren Kopf gebeugt, ohne sich umzudrehen, wischte sie mit der Hand über ihr Gesicht. Sie schien zu weinen. Ich beherrschte mich, so gut ich konnte, bis sie verschwunden war und tat, als würde ich sorglos spielen, während in meinem Inneren meine Seele trauerte.

«Eleni, komm herein, mein Kind, es ist Abend geworden, es ist Zeit zu essen.» Wir saßen alle schweigsam am Eßtisch, jeder hing seinen eigenen Sorgen nach. Man hörte nur die Teller und die Löffel und das Schlürfen von Papa, geräuschvoller als gewöhnlich. Wenn er schlecht gelaunt war, schlürfte er seine Suppe hörbar und sagte zweimal Uff, Uff, um sich abzureagieren. Mama Dimitria machte Anstalten, etwas zu sagen, aber sie brachte es nicht fertig.

Das war die erste Nacht, in der ich mich weigerte, bei ihnen zu schlafen. Ich verkroch mich in mein Bett und hielt meine Stoffpuppe umarmt. Ich ließ alle anderen Spielsachen verächtlich liegen. Sie kamen mir an jenem

Abend fremd vor. Und zum ersten Mal sah ich, daß meine Eltern traurig zu Bett gingen, sie atmeten schwer und seufzten. Ich wußte, daß ich der Grund war. Hatte ich nicht dasselbe durchgemacht? Plötzlich fühlte ich mich alleine und schutzlos, und so übermannte mich der Schlaf. Wieder dieser bedrückende Traum: die beiden Hände, die mich aus den Armen meiner Mama reißen, und die Gestalten meiner Geschwister, eines nach dem anderen zogen diese Traumbilder an mir vorbei. Danach verschwand alles...

2

Ich wachte von Asors Gebell auf. Ein Nachbar unterhielt sich mit meinem Papa über die schlechte Lage, in der sich unser Land noch immer befand, und wehe uns, was uns noch erwartete. Ich denke, das war 1943.

Neben unserem Haus war ein zweistöckiges Herrenhaus mit großen Marmortreppen, die direkt zum oberen Stockwerk führten. Große weite Räume mit geschnitzten Decken und Balkonen. Eine Innentreppe führte zum unteren Stock hinab, wo sich das Wohnzimmer, das Eßzimmer, die Küche und die Waschküche befanden, und von wo es hinaus auf den Hof ging. Der Garten mit den wunderschönen Blumen und den Wasserspielen war durch ein schönes Gitter begrenzt. Die Eigentümer waren ein gutherziges Paar, gebildet, mit drei Kindern, die älter waren als ich, und die mich sehr liebten; in ihrer Freizeit spielten sie mit mir.

Oft duckte ich mich hinter das kleine Tor, das zu unserem Hof führte, und bewunderte das schöne Haus mit den marmornen Treppen und dem schmalen Pfad zwischen den Blumenbeeten. Auch Asor lief hinter mir her und bewässerte jeden Baum auf seine Art. Ihre Tochter, ein sehr hübsches Mädchen, kämmte mich, band mir Schleifen ins Haar und erzählte mir die schönsten Märchen.

Eines Morgens erwachte ich mit einem seltsamen Gefühl, als hätte ich erahnt, daß irgend etwas nicht in Ordnung war. Im benachbarten Herrenhaus, in dem bis gestern Freude und Zufriedenheit zu Hause gewesen waren, war etwas Schreckliches passiert. Die Deutschen hatten das Haus besetzt und die Bewohner gezwungen, es zu verlassen. In aller Eile packten sie zusammen, soviel sie konnten, und flohen – ich weiß nicht, wohin. Sie schafften es gerade, mich zu küssen, alles überstürzt. Ich fragte sie: «Wohin geht ihr? Wann kommt ihr zurück?» Ich erhielt von niemandem eine Antwort, bis Mama mich beiseite nahm und zu mir sagte: «Kind, der verwünschte Krieg ist an allem schuld. In diesem Haus werden jetzt Deutsche wohnen, von der Gestapo. Du bist klein und kannst das alles nicht verstehen...»

Ich verstand bald; nach etwa zwei Tagen füllte sich das Haus mit Deutschen, kräftige Männer mit roten Backen. Ich beobachtete sie neugierig, wenn sie zum Brunnen im Hof hinausgingen und sich mit dem eiskalten Wasser wuschen. Mir klapperten die Zähne vor Kälte, ich lief, um mir eine Jacke überzuziehen, und ich verkroch mich an den Kamin, um mich aufzuwärmen. Sie brachen in Gelächter aus und riefen mich heraus, damit ich sehe, wie einer den anderen mit Wasser bespritzt, damit ich etwas zu lachen hätte und mich nicht vor ihnen fürchte. Ein Grammophon spielte immer dieselbe Musik. Dieselbe Stimme, den ganzen Tag: Lilli Marleen. Das einzig Schöne, das aus diesen finsteren Jahren geblieben ist.

Ich betrachtete sie aus der Ferne und wunderte mich, wie sie sich untereinander verständigen konnten, wenn sie redeten, ohne daß ich sie verstand. Allmählich faßte ich Zutrauen, weil sie mir manchmal zulächelten, und ich näherte mich ihnen. Sie riefen mich: «Helen, Helen», sie legten mir Süßigkeiten und Walnüsse in die Schürze und streichelten mein Haar. Meine Mama zog mich voller Furcht in unseren Hof, aber sie sagten ihr in ihrem gebrochenen Griechisch, daß sie selber Kinder in ihrer Heimat hätten, und daß wir keine Angst vor ihnen zu haben bräuchten – wir dürften nur nichts erzählen, über das, was wir sehen und hören...

Wir fanden uns früh im Haus ein, die Tür wurde abgesperrt und dann ein großer Riegel aus festem Holz von innen vorgeschoben, so daß niemand irgendwie öffnen konnte. Danach wurde an den Fenstern je eine Decke aufgehängt, damit das schwache Lampenlicht von draußen nicht zu sehen war. Meine Adoptiveltern sprachen sehr leise miteinander über das, was sich nebenan abspielte, weil sie fürchteten, jemand könne sie hören. Ich spitzte meine Ohren und hörte zu, was Papa der Mama am Abend erzählte, all das, was er draußen erfahren hatte: über Folter, Hinrichtungen, Inhaftierungen, Bombardements. Immer wieder sprangen überall deutsche Fallschirmjäger ab, die deutschen Flugzeuge besaßen die Luftherrschaft. Für mich sahen sie wie wilde Riesenvögel aus, die Tod und Vernichtung um sich verbreiteten. Außerdem hörte ich von der schlimmen Hungersnot, die uns erwartete, und ich lief zu unseren Mehlfässern. Wir hatten sie gleich nebenan in einem Raum, den wir als Vorratskammer benutzten, und er war voll von Kartoffeln, Zwiebeln und vielen anderen Ernteprodukten.

Als die Gestapo von nebenan die Kartoffeln, das Mehl und alles andere entdeckte, schickte sie jeden Tag ihre Köchin – eine Griechin namens Isaja –, die uns barsch auftrug: «Hans hat gesagt, daß ihr mir den Korb füllen sollt.» Wie konnte sich jemand weigern? Ganz allmählich, Tag für Tag, leerte sich alles. Nachts wurden die Zimmer verschlossen, wir löschten die Lampe, und in der Stille der Nacht hörten wir im Nachbarhaus verzweifelte Rufe, die um Hilfe schrien. Ich suchte im Schoß meiner Mama Zuflucht, wie ein kleines, verschrecktes Tier, und sie hielt mir die Ohren zu und sagte: «Es ist nichts, mein Kind, vergiß es, uns tut niemand etwas. Daß dir nur nirgends etwas von dem herausrutscht, was wir hören.»

Die Tage und Monate vergingen in Furcht und Elend. Die Menschen flohen aus den großen Städten und sammelten sich in kleineren oder auf den Dörfern. Irgend etwas fand man dort immer zu essen, in Athen gab es nichts Grünes mehr.

Erbgüter, die von Generation zu Generation weitergegeben worden waren, mußten verkauft werden, und einige nutzten das aus. Sie dachten nicht an das Unglück der anderen. In den größeren Städten hungerten die Menschen, sie erfroren und starben. Jeden Tag sammelte ein Karren die leblosen, bis auf die Knochen abgemagerten Körper mit ihren weitgeöffneten Augen ein (als würden sie auf bessere Tage warten). Alle verwünschten die Schuldigen, die es fertigbrachten, die ganze Welt zu zerstören... Aus Athen oder Thessaloniki erschienen Frauen mit Koffern, mit Bündeln, die ihre Mitgift für ein wenig Mais, ein wenig Öl hergaben.

Ich erinnere mich an traurige Gesichter, voller Furcht, blaß, mit nach etwas Brot ausgestreckter Hand; sie gaben ihre Ringe her, ihre Stickereien und was sie sonst noch an Schönem hatten, wenn sie nur etwas Eßbares bekamen. Mein Papa und meine Mama, immer hilfsbereit, gaben, so viel sie konnten, ohne jemals etwas zu verlangen: «So was brächte doch Unglück», sagten sie. «Geh mit dem Segen der Muttergottes.» «Wenn ein Hungriger in dein Haus kommt, weise ihn nie zurück. Es ist, als litte Christus selber Hunger und würde um Barmherzigkeit bitten.»

Wir hatten ein Nachbarsmädchen, ein sehr hübsches Mädchen; die Ärmste erkrankte an Tuberkulose. Medikamente gab es nicht. Hin und wieder kam sie und pflückte etwas Obst von unseren Bäumen. Ihre Hände brannten fiebrig. Die meisten mieden sie aus Angst, sich anzustecken, aber meine Mutter faßte sie fest bei den Händen, um ihr Mut zu spenden. Einige Monate später schickten sie sie in ein Sanatorium. Dort verbrachte sie zwanzig Jahre in lebendiger Gefangenschaft. Nur aus Briefen erfuhren ihre Angehörigen, daß sie lebte. Es war sogar verboten, sie zu besuchen. Sie sahen sie nur aus der Ferne, wenn sie zu ihr gingen. Schwere Jahre für alle. Hinter jeder Tür, die sich schloß, spielte sich eine andere Tragödie ab. Manche kleiner, manche größer...

Auf der anderen Seite des Hauses lebte der ältere Bruder meines Papas, Onkel Stamatis, mit seiner rothaarigen Frau und ihren drei Kindern, ein wenig älter als ich. Ich spielte oft mit ihnen, und so vergaß ich meine Geschwister ein bißchen.

Meine Tante Maritsa war ein wahres Traumdeutungslexikon. Morgens liefen die Mädchen aus der Nachbarschaft zu ihr, um ihre Träume zu erzählen, und sie deutete sie ihnen. Manchmal saß auch ich neben ihr und hörte, wie sie zu einer sagte: «Dein Geliebter wird kommen und um dich anhalten.» Und sie wartete auf den nächsten Tag, an dem sie einen anderen Traum hatte, daß er ihr einen Ring geschenkt hatte. «Nein. Der Ring bedeutet Trennung, er wird nicht kommen.» Jeden Morgen liefen diese armen Frauen zum Traumdeuten hin und fragten meine Tante: «Liebt er mich? Liebt er mich nicht? Nimmt er mich? Nimmt er mich nicht?» Und wenn es sich einmal traf, daß eine heiratete, sagten alle: «Seht ihr, Tante Maritsa hat es gewußt.»

Ich saß im Garten unter unserem wunderschönen Baum, den jeder, der draußen vorbeikam, bewunderte, weil aus demselben Stamm verschiedenartige Äste wuchsen. Er trug sechs unterschiedliche Obstsorten. Ein alter Mann, der nicht mehr lebte, hatte ihn gepfropft, und es war alles angegangen. Wenn er blühte, ähnelte er einem riesigen Blumenstrauß, und wenn das Obst reifte, einem Obstladen. Wenn man darunter saß, konnte man das Obst essen, auf das man gerade Lust hatte; die Zweige hingen vom Gewicht bis auf die Erde. Er hatte blaue Pflaumen, gelbe Pflaumen – von denen, deren Kern sich von alleine löst –, grüne Pflaumen, eine kleine und eine größere Aprikosenart und Pfirsiche. Er war für jeden ein merkwürdiger Baum, aber für mich war er mein liebstes Nest.

Ich nahm meine Stoffpuppe und versteckte mich stundenlang in seinen Ästen. Ich sprach mit meiner Puppe und fragte sie, ob sie sich an die Mutter erinnerte und an meine Geschwister, und gab selbst die Antworten. Ja, wir beide erinnerten uns an sie. Auch ich bin eine Stoffpuppe, meine Eltern haben mich geboren, aber andere spielen mit mir, Fremde, die mich lieben und auf mich aufpassen, daß mir nichts passiert oder daß ich ihnen weglaufe und sie mich verlieren.

Mama Dimitria sammelte Kräuter aus dem Garten und deckte damit immer den Tisch, mal gekocht, mal mit etwas Reis, mal mit Mehl damit es wie Pita schmeckte. Und wenn es nichts mehr gäbe, sie würde etwas finden, damit ihre kleine Familie nicht hungern müßte.

Und so kam unter Entbehrungen das Jahr 1945. Die Tage vergingen und immer wieder erfuhren wir etwas Neues. An seinem Ende sperrte sich Hitler schließlich in seinem unterirdischen Bunker in Berlin ein, und noch von dort unten entschied er mit derselben Verbohrtheit über Leben und Tod von Millionen von Menschen. Es war ihm egal, ob die Menschen litten, oder ob sich die Krankenhäuser, die Friedhöfe oder die Waisenhäuser füllten. Er besuchte nie einen einzigen Stadtteil, um zu sehen, wie alles von den Bombardierungen in Schutt und Asche lag.

Als wir von den Erwachsenen hörten, daß der Krieg zu Ende sei und die Flugzeuge, die man noch immer hörte, die letzten seien und verschwinden würden, wurden wir etwas ruhiger.

Die Gestapo aus dem Nachbarhaus verschwand und hinterließ für immer ihre Spuren. Niemand konnte glauben, daß dieses Haus, das das schönste in Katerini gewesen war, in einem so kurzen Zeitraum zur Ruine geworden war. Die Putzfrauen reinigten es unter Schrecken, und immer wieder liefen sie entsetzt hinaus, weil sie Menschenknochen im Keller fanden, die unter dem Boden vergraben waren. Und die Köchin der Deutschen, die Isaja, fanden sie tot auf, als die Deutschen abgezogen waren.

Eines Tages sah ich, wie sich ein Mann näherte, erschöpft, leidgeprüft, gealtert und mit Bart. Ich erkannte ihn kaum wieder. Es war der Eigentümer des Nachbarhauses, dieser gebildete Mann, auf den man wegen seiner Persönlichkeit, seines Hauses und seines Glückes voller Stolz gedeutet hatte. Jetzt kehrte er wie ein Wrack zurück aus der Verbannung, in die sie ihn geschickt hatten, um zusammenzutragen, was von seinem schönen Haus noch übrig war.

Als er mich sah, nahm er mich in seine Arme und sagte zu mir: «Meine kleine Eleni, wie groß du geworden bist. Und ich bin in kurzer Zeit so alt geworden...» Später kehrte auch seine Familie ganz elend zurück.

Ich wiederum hatte meine Freude wiedergefunden und ging durch das kleine Gartentor ein und aus. Ich saß artig in einer Ecke, bis Frau Marika den Nachhilfeunterricht beendet hatte, den sie verschiedenen Kindern erteilte. Sie war Lehrerin, und ich fragte sie immer, wann sie mich endlich mit sich in die Schule nehmen würde. «Gedulde dich, mein Kind», sagte sie mir. «Es dauert nicht mehr lange.»

Die Zeit verging und der heißersehnte Tag kam. Es war im September 1945. Mit der einen Hand hielt ich die Stofftasche, die Mama mir genäht hatte, und mit der anderen Frau Marika. Wir kamen in der Schule an. Als ich eine andere Lehrerin in der Klasse sah, brach ich in Tränen aus. «Ich will Frau Marika», sagte ich zur Lehrerin. «Aber die hat größere Kinder in ihrer Klasse.» – «Aber ich werde doch auch größer», sagte ich.

Nach dem Unterricht nahm sie mich wieder bei der Hand, und während wir nach Hause zurückkehrten, erklärte sie mir einiges. Wir gingen jeden Tag morgens zusammen hin und kehrten mittags zurück.

Aber meine Freude hielt nicht lange an. Sie verkauften ihr schönes Haus und gingen nach Thessaloniki, weil ihre Kinder dort studieren sollten. Jetzt, wo ich alleine gehen mußte, kam mir der Weg zur Schule weit und unendlich vor. Mir blieben aber schöne Erinnerungen an diese außergewöhnliche Familie.

Das schöne Haus neben uns kaufte ein Arzt und machte es zu einer Krankenstation. Das Törchen, das zu unserem Hof führte, wurde verschlossen. An den Fenstern sah ich blasse, kranke, hoffnungslose Gesichter. Mit der Zeit gewöhnte ich mir an, sie jeden Tag zu grüßen, ihnen zuzulächeln, und sie lächelten mir zu. Eine kranke Frau sah ständig auf unseren Hof. Ich zeigte ihr von weitem meine Puppe, und sie lächelte mir traurig zu. In ihren letzten Tagen hob sie mit Mühe ihren Kopf, um mich zu sehen. Später erfuhren wir, daß sie gestorben war.

Eines Abends klopfte ein Mann an unsere Tür. Als mein Vater öffnete, stürzte er wie ein Wirbelsturm zu uns herein und bat um Hilfe. «Charalambos, was ist passiert?» – «Verstecke mich, Thanassis, um meiner Kinder willen! Ich werde verfolgt, man will mich umbringen.» Mein Vater ließ ihn herein, drehte das Licht herunter und sagte uns, daß er ein Freund von ihm sei und daß wir nirgends sagen dürften, daß er in unserem Haus steckt. Er hob drohend die flache Hand und bedeutete mir: «Keinen Mucks, hast du kapiert?» Und ob ich das verstanden hatte. Wenn er sich aufregte, kam ich um vor Angst. Kein Sterbenswörtchen würde über meine Lippen kommen...

Er blieb ungefähr einen Monat bei uns. In diesen Tagen wurde die Decke von dem Fenster, das zur Straßenseite hinausblickte, nicht weggenommen. Nur von dem anderen auf der Hofseite schien etwas Licht herein. Der Mann wußte nicht, was er tun sollte. Sein Gesicht war von Sorgen gezeichnet, und er saß stundenlang gedankenversunken an derselben Stelle.

Eines Tages kam mein Vater aufgewühlt aus dem Kafenio und sagte zu ihm: «Charalambos, schlechte Neuigkeiten. Du mußt sofort verschwinden. Die haben erfahren, daß du hier bist, und wir sind alle in Gefahr.» Mit einem «Vielen Dank» eilte er wie ein gehetztes Tier durch die Hintertür, seinen Hut tief ins Gesicht gezogen, um nicht erkannt zu werden.

Am selben Abend, als wir gerade schlafen gegangen waren, hören wir heftiges Geklopfe an unserer Tür: «Macht sofort auf, habt ihr gehört?» Mein Vater rannte sofort in der weiten Unterhose, die er immer trug, und löste den großen Riegel hinter der Tür. Ohne etwas zu sagen, stürmten drei kräftige Männer mit geschulterten Gewehren herein und begannen sofort, das ganze Haus bis in den letzten Winkel zu durchsuchen. Ich hatte mich vor Angst vollständig in meine Decken eingewickelt. Einer, der glaubte, den gefunden zu haben, den er suchte, zieht mit Gewalt die Decke weg und ich begann zu weinen. «Du hast das Kind erschreckt», sagt meine Mutter und nahm mich in ihre Arme. Da sie nichts fanden, verschwanden sie. Vater beeilte sich, die hölzerne Tür zu verschließen, und wir atmeten auf. «Gott sei Dank, daß Charalambos es geschafft hat, zu fliehen, sonst hätten sie wohl auch mich umgebracht», sagte Vater.

Sofort, nachdem sie von uns weggegangen waren, gingen sie zum Nachbarhaus, in dem mein Onkel Stamatis wohnte. Dort war es gleichzeitig zum Heulen und zum Lachen. Sie klopften an ihre Tür, alle waren mucksmäuschenstill. Sie klopften wieder, nichts. Alle zitterten vor Angst. Als das Klopfen lauter wurde, sah sich mein Onkel gezwungen, zu fragen: «Wer ist da?» – «Das geht dich nichts an, mach auf!» – «Kommt morgen, Leute, nachts mache ich nicht auf.» – «Du, mach auf, sage ich dir». Und es klopfte heftig gegen die Tür. Ihre Kinder begannen zu weinen. «Mach nicht auf!», rief das eine. «Mach auf!», rief das andere. «Seid still!», rief mein Onkel, und schließlich öffnete er. Meine Tante Maritsa war sehr ängstlich. Als sie sie sah, sprang sie aus dem Küchenfenster und lief geradewegs zu uns.

Wieder Klopfen an unserer Tür. Dieses Mal war es meine Tante Maritsa, die Hilfe suchte. Wieder wurde das Holz von der Tür weggezogen, damit die Tante hereinkonnte, und dann wurde es wieder vorgeschoben, um abzusperren. «Was hast du getan, du Leichtsinnsmädel?», sagt meine Mama. «Bist du aus dem Fenster gesprungen? Und wenn dich jemand gesehen und geschossen hätte?» «Oh, daran habe ich nicht gedacht», sagte sie. «Oh je, und deine Kinder?» – «Die weinen.» – «Und wer wird sie trösten?» – «Oh, nicht einmal daran habe ich gedacht.» – «Bravo. Jetzt bleib hier», sagt mein Vater zu ihr. «Denn wenn sie dich in der Nacht herumlaufen sehen, könnten sie schießen.»

Am nächsten Tag erfuhren wir, daß sie, weil mein Onkel nicht sofort die Tür aufgemacht hatten, argwöhnten, sie hätten Charalambos versteckt, und sie suchten stundenlang im Dachgeschoß, im Keller, im Stall. Sie ließen keine Stelle undurchsucht. Bei ihnen wohnte auch die Großmutter, die sie auf Türkisch anflehte: «Çocuklarıma yapman kötü! » Das bedeutet, tut meinen Kindern nichts Böses, und sie stolpert, stürzt auf den Kinderdrachen und zerbricht ihn. Das Kind weint nur um seinen Drachen: «Ich will meinen Drachen!» – «Psst, sei still, Junge, wir machen dir morgen einen anderen.» – «Nein, ich will jetzt meinen Drachen.» Der andere Sohn weinte nach seiner Mutter: «Ich will meine Mama, wo ist sie hingegangen?» Die hatte sich bei uns versteckt. «Und, suchten sie dich?», fragten wir die Tante. «Nein.» – «Und wieso bist du dann weggerannt, um dich zu verstecken?» – «Das weiß ich auch nicht.» Trotz unseres Schreckens lachten wir über Tante Maritsa, den

Wirrkopf. Nachdem sie auch dort nichts gefunden hatten, verschwanden sie.

Am nächsten Tag erfuhren wir, daß man Charalambos draußen vor dem Kafenio ermordet aufgefunden hatte. «Ach, es ist ein Jammer um ihn und um die Waisen, die er hinterläßt», sagte der Vater.

Seit zehn Tagen schmerzten Mama Dimitria einige Zähne. Sie hielt sich andauernd ihre rechte Wange, die ein wenig angeschwollen war. Geld für den Zahnarzt war keines da, ob Uso oder Salzwasser, nichts half. «Laß mal sehen», sagt mein Vater. «Mach deinen Mund auf.» – «Auweia, zwei Zähne müssen gezogen werden, sie haben Löcher, das geht nicht von alleine vorbei. Bleib so, wie du bist, ich komme.» Er geht weg, holt eine Zange, die er für die Nägel gebrauchte, und schüttet etwas Wasser darüber. Mama fängt vor Angst an zu schreien, ich fange auch an zu schreien, damit er sie losläßt, aber seine Stimme ist lauter. Wir verstummen. Mama öffnet den Mund, und er zieht die beiden Zähne mit der gleichen Leichtigkeit wie Nägel aus der Wand. Danach tut er etwas Salz darauf. «Kopf hoch, gute Besserung!» sagte er zu ihr. «Das war's schon.» Mir wurde schlecht. «Noch Zähne zu ziehen?» rief er. Das war ein Typ, mein Papa! In einem Moment konnte man sich über ihn halb totlachen, und im nächsten brachte er einen zum Weinen.

3

Es muß im November 1946 gewesen sein. Ein regnerischer Tag, die Kälte fuhr einem durch die Glieder. Ich sehe meine drei Cousins den Weg hochkommen und renne hinter ihnen her. «Wo geht ihr hin?» frage ich sie. «Auf den Platz», sagen sie zu mir. «Jemand verteilt Geschenke.» Ich glaubte das und ging mit ihnen. Ob sie wollten oder nicht, ich kam mit. Als wir auf dem Platz der Stadt ankamen, sahen wir eine Menschenmenge versammelt, es war eine Kundgebung. (Was das wohl wieder ist, fragte ich mich.) Einer sprach durch einen Lautsprecher und die anderen riefen etwas, jeder wollte irgendwas. Einige hielten Transparente mit verschiedenen Parolen hoch.

Auf einmal höre ich, wie auch meine Cousins rufen: «Wir wollen Waffen, wir wollen kämpfen.» Ich kannte sie. Sobald sie ein Peng hörten, versteckten sie sich. Der andere sagte: «Wir wollen Salz.» Ihm war sein Essen zu fad. Und meine Cousine rief: «Wir wollen Medikamente.» Damals war ihre Mutter krank. Sie sagten zu mir: «Komm, ruf du auch, was brauchst du?» Ich überlegte kurz. Ach, natürlich, ich war verrückt nach Schuhen, ein zweites Paar wäre nicht schlecht. Sofort ziehe ich meine Stiefel aus und halte sie fest in der Hand, um sie nicht zu verlieren, und ich schreie: «Wir wollen Schuhe, Schuhe wollen wir.» Meine dünne Stimme war so leise und schwach, daß die Umstehenden zu lachen anfingen. Ich lachte auch, ich weiß nicht wieso, vielleicht über meine mißliche Lage.

In diesem Moment kamen einige Leute vorbei und riefen: «Löst euch sofort auf, es gibt Prügel.» Meine Cousins verschwanden auf der Stelle, und ich blieb unter den Erwachsenen zurück, die mich bald hierhin, bald dorthin schubsten, um vorbeizukommen. Ich wußte nicht, wie ich entkommen sollte. Ich hielt die Stiefel noch in meiner Hand, meine Füße waren vor Kälte rot, und ich war bis auf die Knochen aufgeweicht. Plötzlich sehe ich meinen Vater: «Eleni, was treibst du hier? Und wieso hast du deine Schuhe ausgezogen?» «Ich warte, daß sie mir Schuhe geben», sage ich ihm fest. «Wer?» fragt er. «Ich weiß es nicht, aber ich habe sie verlangt.» Er gibt mir eins auf den Hintern, zieht mir die Stiefel an und nimmt mich mit nach Hause. Meine Mama mußte sich schließlich anhören, daß sie mich hatte alleine weggehen lassen, daß sie nicht auf mich aufgepaßt hätte und so weiter und so fort.

Am nächsten Morgen finde ich neben meinem Kopfkissen ein Paar rote Schuhe. «Wie sind die hierhergekommen?» frage ich. «Das haben dir die von der Kundgebung gestern geschickt», sagt mein Vater und lacht los. Was kümmerte es mich, wer sie geschickt oder gekauft hatte, Hauptsache, es waren meine.

Soviel heißen Tee sie mir auch gaben und sooft sie mich auch einrieben, ich blieb eine Woche mit einer schweren Erkältung und Fieber im Bett. Mein guter treuer Freund Asor, mein Hündchen, wich die ganze Zeit, als ich im Bett lag, nicht von meiner Seite. Er streckte seine Pfoten aus und legte sie auf mich. Ich erinnerte mich an ihn, wie mein Papa ihn mir gebracht hatte. Er war so winzig, erst ein paar Tage alt. Er wankte und stolperte noch. Wir teilten uns den Becher Milch, den ich täglich zur Mahlzeit bekam. Eines Tages, als mir der Becher hinfiel und ich die Milch verschüttete, weinte ich, denn was sollten wir beide trinken. Wir tranken Wasser. Wir rannten über unseren Hof, er ließ mich keine Minute allein, er folgte mir überall hin. Ich versteckte mich, und wenn er mich fand, sprang er vor Freude an mir hoch und bellte. Er zog mich mit seinen Zähnen leicht am Rock mit sich. Tiere verstehen alles. Wenn ich an meine Familie dachte und traurig war, saß er verständig neben mir, rieb sich an mir und leckte sanft meine Hand, als wolle er mich trösten.

Damals lebten die Menschen anders, anspruchslos, ohne Fernseher, ohne Radio. Im Sommer trafen sich alle in den Höfen, an den Türen, und sie redeten miteinander. Wir Kinder spielten draußen, und die Männer gingen ins Kafenio. Aber im Winter konnte man nicht draußen sitzen. Dann gab es die Vengera* , ein geselliges Abendtreffen. Ein Abend bei Thanassis, einer bei Elias, einer bei Jordanis; so vergingen die Tage. Damals konnte man zu jemandem gehen, ohne sich vorher anzumelden. Und für uns Kinder war es eine Freude, wenn wir uns trafen und miteinander spielten.

An jenem Tag regnete es seit dem Morgen ununterbrochen. Mein Vater ging in den Stall, um nachzusehen, ob es irgendwo durchtropfte. Er stellte einen Eimer auf, dort, wo es tropfte, er gab dem Vieh etwas Stroh und kam wieder

---

* aus dem italienischen veggheria.

herein. «Da, auch hier tropft es», sagte Mama zu ihm. «Wenn es morgen nicht regnet, steige ich auf das Dach, um die Ziegel in Ordnung zu bringen», sagte Papa. Der Kamin brannte schon, und wir wollten gerade den Tisch decken, als wir Stimmen und Gelächter hören. Spyros, ein Freund von Vater, kam mit seiner Frau und seinen Kindern zu einer Vengera. «Willkommen, tretet ein!» sagten meine Eltern. Ich freute mich auch, ich würde mit den Töchtern spielen. Der Tisch wurde sofort gedeckt – so war es Sitte bei den Kleinasiaten: Wer auch immer kommt, der Tisch wird sofort mit allem, was es gibt, gedeckt. Danach teilten wir uns auf: die Kleinen unter sich und die Großen unter sich. Alle in einem Zimmer, denn es gab kein anderes.

Wenn mein Vater auf seinem Terrain war – so nannte er sein Haus – ließ er niemanden zu Wort kommen. Mama stieß ihn an: «Thanassis, hör auf zu reden und laß auch deinen Gast!» – «Was meinst du?» sagte er leise zu ihr. « In meinem Haus soll ein anderer reden? Hast du vergessen, daß er letztens bei sich zu Hause andauernd geredet hat?»

«Komm, Thanassis, erzähl noch mal die Geschichte von der Witwe, der du die Schlange aus dem Ausschnitt geholt hast.» – «Wo soll ich anfangen? Im Sommer, als wir die Ährengarben auf den Karren laden, höre ich aus dem benachbarten Feld irgendwelche Rufe. Es ist die junge, dralle Witwe Despo, deren Mann im Krieg gefallen ist. Als ich sie höre, renne ich hin und sehe, wie die Witwe ihr Kleid an zwei Stellen festhält und ruft: «Eine Schlange ist in meinen Ausschnitt hineingeschlüpft, ich halte sie fest, hol sie heraus!« Was soll ich tun. Ich greife mit meiner

Hand an ihren Busen und fasse etwas anderes, es war auch Fleisch. «Nicht da!» schreit sie. «Weiter drinnen, am besten faßt du von unten.» Ich greife von unten, ich war wie gelähmt. «Aber Despo, treibst du Scherze mit mir?» – «Faß sie, um Himmels willen!» sagt sie, «Sie bewegt sich noch; wenn ich sie loslasse, wird sie mich beißen und herunterfallen.» – «Alles bewegt sich, Despo, aber es beißt nicht.» Wie ich so herumsuchte, um die Schlange zu finden, war es, als hätte ich ihr heißen Sirup übergeschüttet; die Witwe lockert den Griff und die Schlange fällt herunter. Verschreckt wie sie war, ergreife ich die Harke, schlage auf sie ein und töte sie. Die Ärmste holte Luft. «Hat sie dich etwa gebissen?» frage ich sie. «Zieh dein Kleid aus, damit ich nachsehe.» «Nein», sagt sie. «Ich ziehe es nicht aus.» – «Hier ist niemand, der uns sehen könnte.» Sie war nicht zu überzeugen. «Möge es dir gut gehen, danke», sagte sie zu mir, und ich ging.» Alle bogen sich vor Lachen.

Einer aus der Runde macht sich über mich lustig: «Was für eine alte Puppe ist denn das? Bist du sie nicht leid? Sag deiner Mama, daß sie dir eine andere nähen soll.» – «Wie meinst du, die soll ich leid sein? Das ist die schönste Puppe der Welt. Sie kennt alle meine Geheimnisse.» – «Sogar die kleine Eleni hat Geheimnisse!» – und alle lachen.

Ich renne im Zimmer hin und her. Dieser nervige Behälter, in den es von der Decke tropft, geht mir auf den Wecker. Ich rutsche aus, das Wasser läuft aus. Sie schimpfen mit mir, wischen das Wasser auf, ich weine. «Das macht die Müdigkeit. Marsch, alle ab in die Heia.» Wir gingen also schlafen, so war es immer.

In der Morgendämmerung erwachte ich von dem alten Alptraum und fing an zu schluchzen. Sie stürzten besorgt aus ihrem Bett herbei. Sie drehten das Licht höher und fragten, was ich hätte. Was sollte ich sagen? Daß ich mich wieder an sie erinnert habe und diesen fürchterlichen Traum hatte? Daß ich sie liebe, aber die anderen auch? Das würden sie nicht verstehen und traurig werden. Ich wagte nicht, etwas zu sagen, ich dachte mir schnell eine kindliche Lüge aus. Ich krümmte mich zusammen und sagte: «Mein Bauch tut mir weh.» Sie zogen sich sofort an, mich zogen sie auch an, mein Vater setzte mich auf seine Schultern, und sie brachten mich zum Arzt, der nicht weit weg von uns wohnte. Es war noch nicht richtig hell geworden, es war überall ruhig, nur wir drei waren auf der Straße. Sie klopften beim Arzt an die Tür. «Entschuldigen Sie die frühe Störung, Herr Doktor. Unserer Eleni schmerzt der Bauch, und wir haben Angst bekommen.» Er untersuchte mich überall und beruhigte sie: «Es ist nichts Ernstes, vielleicht kündigt sich eine Kinderkrankheit an.» Er gab ihnen einen Sirup mit, zog mich ein wenig an der Nase und meinte zu mir: «Morgen geht es dir besser, du Spitzbube, du hast deinen Eltern ja einen ganz schönen Schrecken eingejagt.»

Auf dem Rückweg fühlte ich mich schuldig für das, was ich, ohne es zu wollen, angestellt hatte. Und ich weigerte mich, die Medizin zu nehmen. Eine Weile legten sie mir eine Scheibe Brot und ein kleines Messer unter das

Kopfkissen. «Das hilft gegen die Angst», hatte Tante Maritsa ihnen empfohlen.

Die Tage und Monate gingen dahin. Ich lernte die Kinder der Nachbarschaft kennen, ich knüpfte Freundschaften, fand Gesellschaft, wir spielten sorglos auf den Straßen. Alle kannten mich als das umsorgte Einzelkind von Thanassis. In kurzer Zeit war das Haus, das ruhig und schweigsam gewesen war, nicht mehr wiederzuerkennen. Alle Kinder der Nachbarschaft kamen zu mir und der Hof hallte wider von Rufen und Lachen. Meine Eltern waren stolz auf mich und lachten über meine Streiche. Mama Dimitria deckte den Tisch, damit wir alle zusammen essen konnten. Damit ich gut aß und nicht blaß wäre, sagte Papa: «Eleni, kannst du auch mit geschlossenen Augen essen? Ich kann meinen Mund nie finden», und er führte den Löffel an sein Ohr. Da rief ich: «Nicht da, guck, so, ich kann es!» und ich leerte meinen Teller, ohne den Trick zu bemerken.

Unsere liebe Nachbarin, die Tante Chariklia, Witwe mit drei Kindern, alle etwa in meinem Alter, mußte in der Kriegszeit viel durchmachen. Sie nahmen die ganze Familie fest und brachten sie hoch auf den Berg in ein kleines Dorf. Sie hielten sie zwei Monate dort fest. Wenn der Priester des Dorfes nicht hätte zu ihnen gehen dürfen, um Gottesdienst zu halten, wären sie alle verhungert. Danach tötete die Gestapo ihren Mann vor ihren Augen, sie brachten sie mit den Kindern hinunter auf die Straße und ließen sie frei. Was mußte die Ärmste sehen, als sie zurückkam. Sie hatten alles aus dem Haus herausgeholt. Die

Tür stand auf, sie hatten ihr nur die Ikonostase mit der Ikone gelassen. Die Nachbarschaft versorgte sie mit dem Nötigsten, und so überlebte die Familie.

Ich war von ihrem Haus nicht wegzubewegen. Ich wollte mit ihren Kindern spielen und mit ihnen zusammen essen, weil mir das fremde Essen viel besser schmeckte. Eines Tages sah ich, wie meine Mama mit einem Teller auf das Haus von Tante Chariklia zuging. Als ich am Abend dasselbe Essen zu Hause sah, verstand ich den Trick.

Im Hof hatten wir einen Abort. Den hatte mein Papa aus Holz gebaut. Von außen hatte er ihn mit Schilf verkleidet, das er vom Feld mitgebracht hatte. Die Grube war nicht sehr tief, man sah auf den Boden, wenn man auf die Bretter trat. Und etwas höher hatte er einen Sitz aus Brettern gemacht. Das Schilf war schön, und die Jungen mopsten davon, um sich Drachen zu bauen. Die eine Seite hatten sie verwüstet, und Mama schimpfte mit ihnen. Aber sie hörten auf niemanden. Sie wollten Drachen bauen. Bis eines Tages einer ausrutscht und hineinfällt. Auf die Rufe rannten alle herbei, aber niemand konnte ihm helfen. Er hielt sich an einem Holzstück fest und weinte. Ein anderes Kind rennt, um meinen Papa aus dem Kafenio zu holen. Er kommt angelaufen, holt das Seil hervor, und bindet sich erst selber fest, um sich tiefer hinunterbücken zu können. «Weine nicht, du, ich hole dich 'raus, hab keine Angst», sagt er zu ihm. Er bindet ihn am Bauch fest, bis wohin er in den Fäkalien steckte, und zieht ihn hinaus. Sie legen ihn im Garten hin und spritzen ihn mit dem Wasserschlauch ab, um ihn zu säubern. Der Gestank verbreitete sich in der ganzen Nachbarschaft. Danach zogen sie ihm die Kleider aus, und Mama seifte ihn ab. Er schämte sich, aber was sollte er sagen, er hielt sich seine Hände vor und zitterte. Meine Mama wickelte ihn in eine Decke, bis seine Mutter kam, um ihn zu holen. Die schimpfte mit ihm und rieb ihn mit Weingeist ab. Mein Vater nahm später das Schilf ab und ersetzte es rundherum durch trockenes Stroh.

Vater tat immer, wonach ihm gerade der Sinn stand. Wenn er auf die Erde trat, fühlte er alles: Die Saat, die wuchs, den Garten, der sich füllte, und sogar die Schlangen, die sich in der Ferne schlängelten. Einmal hielt er beim Graben die Hacke in der Hand, als eine Schlange auftauchte. Sie wollte gerade ihren Kopf heben, da gab er ihr eins drauf und sie war hinüber. Wenn es regnete, war er ganz außer sich vor Freude. Er ging hinaus, betrachtete den Himmel und rief: «Çok şükür Allahım, Dank sei dir, mein Gott. Gieße Wasser, soviel du nur willst, damit die Samen treiben, damit wir eine gute Saat haben, damit wir vom Brot satt werden.» – «Jetzt werden Himmel und Erde eins», sagte er zu mir, «und wenn sich die beiden verbinden, haben wir alles im Überfluß.»

Meine Eltern gingen regelmäßig auf ihre Landgüter. Sie ließen mich bei einer Oma, bei der Mama meines Vaters, die sehr alt war. Sie konnte überhaupt kein Griechisch. So war ich gezwungen, auch Türkisch zu lernen. Eines Tages war ich wieder alleine mit Oma. Ich hatte Durst. Ohne zu überlegen, laufe ich, halte den Mund unter den Wasserhahn im Hof, und als ich das Wasser aufdrehe, entwischt eine Biene, die darin gewesen war, und sticht mir in die Zunge.

Ich fange an zu schreien, meine Zunge schwillt an, ich konnte nicht mehr reden. Oma erschrak und begann auf Türkisch zu beten: «Allah, Allah, was ist passiert?» Ich konnte nicht sprechen, mit geschwollener Zunge nichts erklären, und sie fuhr fort, mich vom Bösen Blick zu befreien, indem sie mich mit einem «Maşallah, Maşallah» anspuckte. Ich mache ihr Zeichen: Oma, hör doch auf zu spucken. Es ist kein Böser Blick, es war eine Biene. Ich strecke meine geschwollene Zunge heraus und zeige sie ihr. Am Abend mußte Oma sich anhören, daß sie nicht auf mich aufgepaßt hätte, und sie beschlossen, mich am nächsten Tag mit aufs Feld zu nehmen.

Ich glaubte, ich würde auf einen Ausflug mitgenommen, und ich war voller Freude. Als wir am Morgen aufstanden, war es noch dunkel. Mein Vater geht in den Stall, holt das dunkelbraune Pferd heraus und spannt es vor den Karren, während ich ihn beobachtete. Ich erinnere mich daran, was für ein schöner Mann er war. Kräftig gebaut, von der Sonne verbrannt, mit seinem Schnurrbart und seinem harten Gesichtsausdruck. So waren die Männer damals. Die Efendis des Hauses. Er brauchte nur «Dimitria!» zu rufen, und sie kam angerannt, sobald sie ihn hörte. – «Was wünschst du, Thanassis?» – «Hast du das Essen vorbereitet?» – «Aber natürlich habe ich es fertiggemacht.» Sie brachte zwei verknotete Sticktücher heraus, warf sie oben auf den Karren, nahm auch den Wasserkrug und einen Becher. Ich, noch ganz verschlafen, stehe vor Kälte zitternd in der Tür und warte, daß der Karren fertig ist. «Dimitria!» schreit mein Papa wild. «Das Kind!» Sie stürzte erschreckt hinaus, weil sie dachte, mir wäre etwas passiert. «Mein Gott, siehst du denn nicht, daß sie friert? Bring schnell die Decke und ihre Jacke.» Auf die Schnelle wurde oben auf dem Karren ein warmer Winkel geschaffen, und – schwupps – fand ich mich eingepackt und zufriedengestellt wieder. «Meine Puppe!» rufe ich. Sie warf sie auch oben auf den Karren. Mit der Puppe auf dem Arm machte ich es mir bequem und wartete, daß wir aufbrachen. Fast hätten wir die Hacken und den Spaten vergessen. «Frau, gehen wir auf eine Vergnügungsreise? Wenn wir die Hacken vergessen hätten, was hätten wir dann gemacht? Sollen wir auf dem Feld tanzen?» – «Mich interessieren die Hacken nicht, ich will Asor bei mir haben.» – «Nein», sagt Papa, «Der Hund bleibt hier, um das Haus zu bewachen.» Das Wort meines Vaters war Befehl, ich muckte nicht auf.

Als alles fertig war, ließ er die Peitsche mit dem Wort «Hüüh» durch die Luft schwirren, und das Pferd setzte sich sofort in Bewegung. Er rief «Hüüh-Hott» und das Pferd lief. Asor begann zu kläffen und hinter uns her zu laufen, als würde er verstehen, daß er seine Gesellschaft verlor. «Wir kommen am Abend zurück», rief ich ihm zu. Bis wir um die Kurve bogen, lief er hinter uns her; dann kehrte er mit herabhängenden Ohren wie ein echter Wachhund zurück. Nach einer Weile ließen wir die Häuser hinter uns und erreichten das Land. Die Sonne ging langsam auf, und ich sah zum ersten Mal einen so schönen Sonnenaufgang. Alles war ruhig, alles grün, die Saat wiegte sich im Morgenwind und ein schmaler Fluß zog ruhig dahin. «Dieser Fluß fließt auch an unserem Feld entlang», sagte mein Vater. «Und ich habe heute ein Bakschisch für dich, Eleni.» Ich erwartete, mehr zu hören, aber er begann ein Amane zu summen. Erst leise, und dann stimmte meine Mama mit ein, und das Land klang von ihren anatolischen Weisen wider. Sie hatten etwas Trauriges, Klagendes. Ob du wolltest oder nicht, ob du die Sprache verstandst oder nicht, kamen dir Tränen in die Augen. Sie weinten um ihre verlorene Heimat, um Kleinasien, um Smyrna, wo man sie damals als kleine Kinder, bei der Vertreibung, auf irgendein Schiff gebracht hatte und sie gezwungenermaßen nach Griechenland geschickt hatte. Jeder, der ein Schiff erreichen konnte, stieg auf, irgendwo die Mutter, woanders das Kind, und irgendwo anders der Vater. Wenn die Schiffe am selben Ort wieder anlegten, gut, denn sonst verlor sich die Familie aus den Augen.

Deshalb war Mama Dimitria immer traurig. Sie hatte ihre Familie verloren. Sie hatte niemanden mehr auf der Welt. Nur einige Cousins und Cousinen waren ihr geblieben, und mit den türkischen Liedern brach all das aus ihr heraus. Sie sang ihren Schmerz heraus und weinte. «Jetzt habe ich dich», sagte sie zu mir. «Ich bin nicht mehr alleine, gelobt sei Gott», und sie bekreuzigte sich.

«Siehst du dieses Feld? Das ist von Charalambos, den wir damals in unserem Haus versteckt haben und der später getötet wurde. Jetzt bestellt es seine Frau und ihr großer Sohn. Er war ein guter Mensch, der Charalambos, und er wurde zu Unrecht getötet. Das daneben ist von Panajotis, der die sechs Mädchen hat. Die Älteste liebt der Sohn des Charalambos; nächsten Monat soll die Hochzeit sein. Wir werden hingehen, um seinen Vater zu vertreten, wo wir doch Freunde waren.» Sie erzählten und erzählten, bis sie auf einmal das Pferd anhielten: «Da sind wir!» Ich sehe eine große Hütte. Die hatte mein Papa aus getrocknetem Heu gebaut, um sich in ihren Schatten zu setzen, wenn es zu heiß wurde. Und wenn plötzlich ein Gewitter aufkam, konnte man auch darunter sitzen. Ein provisorisches Sofa aus zwei Brettern, die auf die zwei Hälften eines Baumstumpfes genagelt waren, und einer Matratze, wie wir sie nannten, darauf, die aber nicht mehr war, als ein gefüllter Strohsack. Hier legte sich hin, wer wollte, um etwas zu schlafen und sich auszuruhen. Vater versorgte das Pferd, spannte es ab und band es unter einen großen Baum nahe beim Fluß am Feldrand. Das war der beste Platz für das Pferd. Es hatte Gras zum Fressen und nahebei Wasser zum Trinken. Als sie gerade mit dem Abspannen und dem Entladen des Karrens fertig waren, sagte ich: «Papa, ich warte auf das Bakschisch.» – «Ach, du hast es nicht vergessen, du Naseweis», sagt er zu mir. «Komm mal gucken. In diesem Sack habe ich einen Baum. Einen Walnußbaum. Du kannst ihn allein einpflanzen und später so viele Walnüsse essen, wie dein Herz begehrt.» Seine Idee gefiel mir. Ich holte den Baum aus dem Sack, während mein Vater ein Loch buddelte. Er bearbeitete die Erde mit der Hacke und die Erde ächzte.

Er schaufelte die Erde hoch und es entstand ein großes Loch: «Und jetzt bring deinen Baum, mein Mädchen. Halte ihn gerade, damit er schön wächst, wenn er groß wird. Jetzt wirf soviel Erde hinein, wie du kannst, damit das Loch voll wird.» Ich warf und warf, und ab und zu trat ich sie mit den Füßen fest, damit die Wurzeln fest saßen, und der Baum Halt fand und damit er schnell wuchs und ich seine Walnüsse essen konnte. «Jetzt bring soviel Wasser, wie du kannst, damit er anwächst und uns nicht eingeht.» Ich ging die Strecke einige Male mit der Gießkanne ab und goß und goß, bis ich die Stimme meines Vaters hörte: «He, das reicht mit dem Gießen. Mit soviel Wasser kann er ja schon heute Walnüsse tragen.» Als ich das hörte, sah ich in die Zweige und fand tatsächlich Walnüsse. Ich sprang vor Freude in die Luft: «Kommt her, seht, ich habe Walnüsse.» Mein Vater und meine Mutter konnten das Lachen nicht zurückhalten über den Scherz, den sie mit mir gemacht hatten. Während ich vom Fluß zurückkehrte, hatten sie mit einem schönen Trick die Walnüsse, die sie mitgebracht hatten, zwischen den Blättern befestigt, und ich war darauf hereingefallen. Als sie sie geknackt und fertiggemacht hatten, legten sie sie in meine Schürze, zusammen mit einem Beutelchen Rosinen, um mich so zu beschäftigen. Sie nahmen ihre Hacken und entfernten sich. Hackend und singend arbeiteten sie sich auf dem Feld voran. Was für ein Klang war das, mitten in der Stille der Ebene. Sie hörten sich für mich an wie zwei Nachtigallen; die Melodie betörte mein Herz.

Während ich sorglos meine Walnüsse und Rosinen aß, sammelte sich um mich herum eine Schar von Vögeln mit spitzen Schnäbeln und, als hätte ich sie zum Essen eingeladen, so aßen sie mit mir gemeinsam. Ganz versunken betrachtete ich sie verzückt, bis sie nichts mehr übrig gelassen hatten. Zuletzt schnappten sie die Überreste mit dem Beutelchen, um es an einer anderen Stelle zu leeren. Da erst begriff ich, was geschehen war, und fing an zu weinen. Die beiden liefen besorgt zu mir, sie fürchteten, es könnte eine Schlange sein und ihr Blut gefror. Ich zeigte, zwischen meinen Schluchzern, auf den letzten Vogel. Sie verstanden sofort, als sie den Vogel mit dem Beutelchen im Schnabel sahen, aber es war zu spät. «Macht nichts», meinten sie zu mir. «Nächstes Mal mußt du sie halt verscheuchen.»

Die Sonne ging langsam unter und ich hatte keine Lust zu fahren. Es war so ruhig, so schön, daß ich überlegte, immer wieder herzukommen, um meinen Baum zu gießen und Walnüsse zu sammeln. «Zeit zu gehen», sagte Mama und streckte ihren Rücken, der vom Graben steif geworden war. Als der Karren mit dem Pferd bereit war, warfen sie auch mich eins, zwei, drei, oben drauf, und wir fuhren los. Im Hof zu Hause erwartete uns Asor und freute sich wie toll. Sobald er uns erblickte, bellte er, er beschnüffelte uns, sprang an mir hoch und ich wußte, daß ich ihm heute gefehlt hatte.

Die Zeit verging schnell, und die Schule begann wieder. Mit nichts als einer Stofftasche für die wenigen Bücher und Hefte in der Hand. Wir fürchteten sogar, den Bleistift zu spitzen, weil er sich sonst aufbrauchte. Durch den Krieg hatten viele Kinder einige Klassen verpaßt; deshalb sah man in der gleichen Klasse unterschiedliche Altersgruppen. Unsere Schule war abgebrannt, und wir machten Unterricht im Freien, bis sie wieder aufgebaut war. Die meisten Kinder hatten ein Kissen bei sich, um nicht auf dem Boden zu sitzen. Ich hatte einen Holzschemel, den mein Papa mir gebaut hatte. Die Lehrerin in unserer Mitte unterrichtete und bemühte sich, unsere Worte zu verstehen, die in der Luft verhallten, bevor sie ihr Ohr erreichten: «Hört ihr, Kinder, in einer Woche wird unsere Schule fertig sein. Wir werden den Unterricht wieder in den Klassenräumen abhalten. Aber die Schule hat noch viele Mängel, ihr müßt auch mithelfen. Jedes Kind muß jeden Tag ein Stück Holz mitbringen, damit wir den Ofen feuern können, sonst erfrieren wir. Die Schule hat kein Geld, um Holz zu kaufen. In Ordnung, Kinder?» – «Jawohl!»

Holz hatten wir massenhaft. Papa brachte jedes Mal etwas von den Feldern mit oder fällte irgendeinen alten Baum, zerkleinerte ihn, stapelte die Holzstücke und es reichte den ganzen Winter lang. Der Kamin war sehr schön, wenn er brannte. Ich verfolgte jedes Mal die roten Funken und wünschte mir etwas, damit es in Erfüllung ginge.

Diesen Winter hatten wir keine reiche Ernte. Soweit ich verstand, waren in diesem Sommer Scharen von hungrigen Heuschrecken über die Felder hergefallen und hatten die ganze Saat gefressen. Es waren Unmengen von Heuschrekken. Das Land war von richtigen Wolken überzogen, und sie fürchteten weder Vogelscheuchen noch Feuer, einfach nichts. Alle durchlebten einen schweren Winter mit Entbehrungen, und es gab kaum Brot.

«Maritsa! Maritsa!» ruft die Nachbarin eines Tages. «Wie soll ich dir bloß sagen, was ich für einen Traum hatte!» – «Was hast du geträumt, Athanassia? Möge es gut ausgehen», und sie bekreuzigte sich. – «Das Haus von Evangelia hatte Feuer gefangen, und es kam überall Rauch heraus.» – «He du, sag das nicht, das ist ein schlechtes Zeichen, was wird wohl passieren?» Am nächsten Tag hörten wir Gerufe und Gejammer. Der Verlobte von Evangelia war gefallen, ein junger Mann von gerade zweiundzwanzig Jahren. Sein Haus lag gegenüber dem von Evangelia. Wir liefen alle hin. Sie brachten ihn, mit einer Flagge bedeckt; es war, als ob er schliefe.

Alle saßen um den Sarg herum, schwarz gekleidet, seine Mama, sein Papa klagten: «Jorgos, mein tapferer Junge, was soll aus uns alten Leuten werden ohne dich?» Evangelia schnitt ihre schönen Haare ab. Sie erzählte von ihrem Brautkleid, das sie genäht, den Träumen, die sie gehabt hatte.

Ich ging ziellos umher, lief allen zwischen die Füße und konnte nicht begreifen, was Tod bedeutet.

Die Seelen werden zu Luft, wenn der Körper zu Erde wird, hatte ich gehört, und ich betrachtete die Luft, wenn sie wehte. Vielleicht war hier irgendwo mein richtiger Vater und die Seele von Jorgos, und wir konnten sie nicht sehen.

Mein Onkel Stamatis saß in der vordersten Reihe vor dem Sarg. Er hatte Erfahrung in Begräbnissen. Er war der erste, der kam, schon zu denen, die im Sterben lagen. Er saß tagelang bei ihnen, bis sie starben, damit die Familie nicht alleine blieb und sich fürchtete. Dann schloß er ihnen die Augen, er wusch sie, er kleidete sie um, wenn sie noch warm waren, er bettete sie in den Sarg. Danach hielt er die Nachtwache für den Toten. Sie tranken ständig Kaffee und sprachen über das Leben des Verstorbenen und trauerten die ganze Nacht. Am nächsten Tag nach der Beerdigung kehrte er wieder nach Hause zurück. Alle kannten Onkel Stamatis, und sie riefen ihn in ihren schwierigen Stunden.

Eines Morgens brachen wir mit den Kindern von Tante Maritsa in ein Dorf auf, dessen Kirche ihr Kirchweihfest feierte. Ihr ältester Sohn setzte uns in den Karren, und er fand den Weg wie ein Großer. Als wir im Dorf ankamen, erinnerte ich mich. Einige Einzelheiten kamen mir bekannt vor. Dieser Platz. Wie Schleier zogen die Erinnerungen an mir vorüber. Hier hatte auch ich einmal mit meinen Geschwistern gespielt. Ich wollte etwas sagen. Mir wurde klar, daß es tatsächlich das Dorf war, in dem ich als kleines Kind gewesen war. «Wir sind gleich da», sagte mein Cousin. Wir stiegen ab, und er band das Pferd an einen Baum außerhalb des Dorfes. «Jetzt gehen wir zu Fuß weiter», sagten sie. «Wir sehen uns auf der Kirmes um», sagten die Jungen. «Wir gehen aber erst in die Kirche», sagte meine Cousine. «Danach treffen wir euch.»

Wir gehen in die Kirche, zünden eine Kerze an und stellen uns auf die linke Seite. Jemand klopft mir leise auf die Schulter. Ich nahm an, daß es meine Cousine war. Ich drehe mich um, aber was sehe ich da. Mein Blick blieb wie versteinert stecken, ich brachte kein Wort heraus. Es war meine Mutter, wie immer schwarz gekleidet. Sie fragte mich, wie es mir ginge, ich antwortete nicht. Ich fürchtete meine Cousine, die mich anblickte und die das später meinen Eltern erzählen würde. – «Wieso redest du nicht mit mir? Kennst du mich nicht? Ich bin deine Tante. Bist du mir böse?» Ich tat, als würde ich ihre Worte nicht beachten, während jedes ihrer Worte mich innerlich erschaudern ließ.

Befriedigt, weil ich nicht mit meiner Mutter sprach, begann meine Cousine ein Gespräch mit einer Freundin, die sie zufällig getroffen hatte, und sie bemerkte nicht einmal, wie ich ganz langsam hinausging. Hinter mir kam meine Mutter. Sie zog mich in eine ruhige Ecke im Kirchhof und redete zu mir – wie immer als Tante: «Geht es dir gut?» – Klar geht es mir gut, aber ich erinnere mich an dich und weine, sagte ich zu mir selbst. Als ich sie nach ihren Kindern fragte, verdüsterte sich ihr Blick, und sie konnte ihre Tränen nicht mehr halten: «Erinnerst du dich an die kleine Evgenia? Wir haben sie für immer verloren.» In letzter Zeit hatte sich ihr Fuß verschlimmert. Vor Schmerz konnte sie mit ihm überhaupt nicht auftreten. Erst am letzten Tag, bevor sie starb, trat sie damit auf und sagte: «Mama, mein Fuß tut mir nicht mehr weh. Sieh, ich setze ihn auf, ich bin geheilt.» Und meine Mutter, die an ein Wunder glaubte, nahm das Kind freudig in ihre Arme. Ihre Freude hielt nicht lange an, weil das Kind sich in ihren Armen anlehnte und sagte: «Mama, ich werde zu Papa gehen, weil er mich ruft, ich werde sterben.» – «Nein, mein Kind, wer sagt so etwas? Du wirst leben, du wirst ein großes Mädchen werden.» Sie konnte ihren Satz nicht zu Ende sprechen, als sie spürte, wie die beiden Händchen losließen und leblos herabfielen. Das war ihr Ende. Sie war erst fünf Jahre.

Ich wollte ihrem Schmerz keinen weiteren hinzufügen. Ich sagte zu ihr: «Mir geht es gut, sie passen gut auf mich auf. Mir fehlt es an nichts, ich habe alles.» Ich versprach ihr, wenn ich groß genug wäre, mal allein zu kommen, um sie zu sehen. Wir trennten uns ohne eine Träne. Ich schluckte meine hinunter, damit meine Cousine nichts merkte, und die meiner Mama waren vor lauter Kummer versiegt.

Ich mischte mich unter die Leute und sah meine Cousine auf mich zukommen. Als sie mich sah, fragte sie mich: «Wo warst du, ich hatte dich aus den Augen verloren.» – «Ich bin hinausgegangen, um etwas Luft zu schnappen, es ist so viel Gedränge heute.» Wir sahen uns den Jahrmarkt an und kauften etwas Zuckerwatte. Meine Cousins waren auf Schiffsschaukeln gestiegen und heißa, wer kommt am höchsten. Es wurde Abend, wir gingen wieder zum Karren und machten uns auf den Weg zurück in unser Dorf. Kaum waren wir zu Hause angekommen, als ich meine Cousine zu Mama Dimitria sagen höre: «Eleni hat heute in der Kirche ihre Tante gesehen, aber sie hat nicht mit ihr gesprochen. Weißt du, welche Tante?» Sie zwinkert ihr zu. Sie begriff sofort, sah meine furchtsamen Augen und wechselte das Thema. Sie fragte uns, ob wir Spaß gehabt hätten und uns die Kirmes gefallen hätte.

Die Begegnung mit meiner leiblichen Mutter brachte mich in Aufruhr. Einige verschwommene Bilder schossen durch meinen Kopf, und ich bemühte mich, mir ihre Gestalt vorzustellen, die ich beinahe vergessen hatte.

Ich greife meine Puppe und laufe unter den Baum. Dort konnte mich niemand sehen. Ich versuchte, ihnen durch meine Puppe nahe zu sein. Außerdem gehörte sie vollkommen mir. Ihr Stoff erinnerte mich an die Mutter, die Näharbeit an meine große Schwester, ihr rötliches Haar an meine andere Schwester. Sie war mein Baby, so wie Mama meine kleinste Schwester gehabt hatte. Ich malte mir in Gedanken eine vollständige Familie aus. Ich fragte und antwortete für jeden von ihnen.

Dieses Spiel gefiel mir, und ich spielte es oft; es war wie eine innere Verbindung mit den Meinen, um sie nicht zu vergessen.

Kurze Zeit später kam ein Mädchen in unser Haus und sagte: «Die Frau von Charalambos läßt euch grüßen. Ihr sollt am Sonntag auf die Hochzeit ihres Sohnes kommen.» – «Danke, mein Mädchen, wir werden kommen», sagte meine Mama.

Sie bereitete das Geschenk vor eine Kanne und Gläser. Wir zogen unsere besten Sachen an. Vater den schwarzen Anzug mit der engen Weste und die runde Uhr, die an der Hose befestigt war. Er kämmte sorgfältig seine Haare, um seinen Scheitel gerade zu bekommen. Dimitria polierte seine Schuhe und bürstete sein Jackett, während sie auf ihre eigenen Sachen nicht besonders achtete. Immer ungeschminkt, ihr Haar geknotet, bescheidene Kleidung, Schuhe ohne Absatz. Dagegen sah Thanassis, wenn er ausging, immer wie ein Bräutigam aus, und die Frauen blickten ihm nach. Wir gehen auf die Hochzeit. Auf dem Brautbett sind die Geschenke ausgebreitet. Etwa zehn Kannen. Dazu kam noch unsere. – «So was, haben alle Kannen gebracht?» fragte ich. Mama stieß mich an: «Nicht so laut, sie werden uns hören.» – «Wieso, ist das schlecht?» fuhr ich fort. «Das macht doch nichts, eine ist für das Wasser auf dem Tisch, eine für den Wein. Eine haben sie zum Waschen. Ach, und einige werden beim Spülen kaputtgehen.» – «Sei ruhig», ruft Mama. «Was murmelst du da!» – «Ich habe herausgefunden, wozu die Kannen gut sind und bin jetzt beruhigt.»

In der Kirche versammelten sich alle um die Braut und den Bräutigam, ich drängelte mich auch vor, ich stoße ein paar Erwachsene an und komme nach vorne, um die Braut besser zu sehen.

Ich bewundere sie. Was für ein schönes Kleid, denke ich mir. Ich hätte auch gerne ein solches, wenn ich groß bin und Braut werde. Zwei junge Menschen begannen ein gemeinsames Leben. Der Priester beginnt zu singen, alle waren ergriffen. Für die Braut war es der schönste Tag in ihrem Leben, genauso für den Bräutigam, denn ab heute hatte er jemanden, dem er befehlen konnte. Frosso brüstet sich mit ihren großen runden Augen, weil sie hübsch ist und ein Kilo Farbe aufgetragen hat. Die Eltern sind stolz auf ihre Kinder und jeder ist wohlgemut. Der Priester sagt: «Gebenedeit sei die Frucht ihres Leibes.» Einige lachen heimlich wie über einen Witz. – «Die Frau ehre den Mann.» Der Bräutigam sucht den Fuß der Braut, um ihn zu treten, damit der Segen sich verwirklicht. Sie hatte ihn hochgehoben, weil sie das gemerkt hatte. Er suchte unten, findet einen Fuß und tritt darauf; da erhebt die Trauzeugin ein Geschrei: «Oh, du hast mir auf die Zehen getreten.» Es entsteht ein Gemurmel und Gelächter. Mir kommt das alles seltsam und unterhaltsam vor. Mama Dimitria zeigte mir immer ihren schiefgewachsenen Fußnagel. Papa hatte ihn auf der Hochzeit so fest getreten, daß er seit damals schief wuchs.

Danach kam die Reihe ans Fotografieren. Es war ein großes Gelächter. Barba Damianos, unser Nachbar – er hatte zwei Töchter, die meine Freundinnen waren –, kam mit einem großen Fotoapparat, der auf drei hölzernen Beinen stand. Er transportierte ihn überallhin auf der Schulter. In den Park, auf den Platz, oder wohin sie ihn auch riefen. Auf die Höfe, in die Gärten. Er stellte ihn erst fest auf die Erde. Er hüllte sich völlig in ein schwarzes Tuch ein, er suchte etwas in der Dunkelheit und tat Negativ und Positiv an die richtige Stelle. Er dirigierte alle in verschiedene Posen und machte dabei seinen Witz: «Wer sich bewegt, der kommt als Esel heraus.» Bei dem «der kommt als Esel heraus» standen alle still. Sie nahmen verschiedene Posen ein, so daß man glauben könnte, sie kämen von einem anderen Stern. In einer Stellung hielt der Bräutigam die Hand um den Rücken der Braut, und: Achtung! In einer anderen saß die Braut auf einem Stuhl, der Bräutigam stand aufrecht daneben, und wieder: Achtung! Und eines alle zusammen, damit alle das Vögelchen herauskommen sehen. Ich bemühte mich, auch ein Vögelchen zu sehen, aber nichts! Mein Papa nimmt mich, stellt mich vor einige Blumen, sie geben mir einen Strauß in die Hand: «Damianos! Mach auch ein Foto von meiner Tochter!» Barba Damianos ruft: «Wenn du dich bewegst, kommst du als Esel heraus», und ich fange zu weinen an. «Ich will nicht als Esel herauskommen.» sage ich zu ihnen, alle lachen. «Na komm, du kommst als Püppchen heraus.» Da lachte ich und klapp, die Klappe fiel. Das Bewirten begann, wir aßen Hochzeitsmandeln, und nachher gingen wir alle auf den Hof der Braut, wo sie zu tanzen anfingen. Die Musiker begannen Rembetika zu spielen, einige Tanzlustige stellten sich auf und tanzten, mein Papa war auch dabei. Frosso betrachtete ihn, als wollte sie ihn mit ihren Augen verschlingen. Gerade als ein Paartanz, der Karsilama, begann, folgte Frosso mit viel aufgeblasenem Getue meinem Papa und mein Vater folgte ihr. Ich rief: «Mama, tanz doch auch!», denn es gefiel mir nicht, daß eine andere Frau mit meinem Papa tanzte. Nein, nicht die. – «Mädchen, ich habe einmal den Jesaja-Tanz um den Hochzeitsaltar getanzt, das reicht mir», sagt sie mir. Sie konnte nur singen, ihre traurigen Lieder, und weinen. Die Tanzfläche füllte sich, und die beiden machten keine Anstalten, jemals aufzuhören. Einige jüngere Frauen begannen heimlich zu lachen, auf sie zu deuten und zu tuscheln: «Frosso verdreht ihm den Kopf, dem Thanassis.» Später macht Papa der Mama ein Zeichen, daß sie mich nehmen und gehen solle. «Geh'n wir, meine Tochter, Papa wird nachkommen.» Ich konnte meine Augen nicht von ihnen lassen, und meine Mama zog mich an der Hand und riß mir dabei fast den Arm ab. «Marsch!» sagt sie zu mir, und ihre Augen füllen sich mit Tränen.

«Ich glaube, ich gehe zurück und reiße ihr die Haare aus», sagte ich zu mir selbst, aber ich traute mich nicht.

Wir warteten die ganze Nacht, wir fielen ins Bett, aber bei dem kleinsten Geräusch schreckten wir hoch. Kein Papa. Gegen Morgen sehen wir ihn kommen, betrunken, und er hat Frosso bei sich. «Frau», ruft er, «ich habe dir eine Freundin mitgebracht. Deck den Tisch, das Fest geht weiter.» Was sollte meine arme Mutter sagen. Wie der Efendi es wünschte, so mußte es geschehen. Sie fängt ein Huhn, tötet es, und während sie es kocht, bereitet sie das Übrige vor Uso, Pasturma, Geräuchertes. Dimitria ging aus und ein, um sie zu bewirten, sie lächelte die ganze Zeit, denn wenn Thanassis getrunken hatte und guter Laune war, mußten alle lachen. Wenn jemand griesgrämig war, warf er, was er gerade in der Hand hielt, einfach hin.

Und ich brachte den Wasserkrug. Frosso lächelte mir zu. «Du hast eine anmutige Tochter», sagte sie ihm. «Ja, sie ist mein Anacık, mein Einziges, weißt du, was das bedeutet?», und er zeigte seinen kleinen Finger. Sie aßen, tranken und sangen. «Ein bißchen leiser, Thanassis. Nebenan ist ein Krankenhaus, die brauchen Ruhe.» sagte Mama. – «Was erzählst du da», sagte er. «Bin ich krank, und soll ich deshalb leiser singen? Übrigens werden von meinem Gesang alle gesund, die Kranken und die Krüppel, sogar die Toten werden auferstehen, wenn ich auf den Friedhof gehe und singe.» Und er machte weiter Krach.

Ich hatte Tante Maritsa sagen gehört, daß, wenn man jemanden aus dem Haus werfen will, man den Besen auf den Kopf stellen und Salz ausstreuen soll. Ich laufe, finde den Besen, stelle ihn auf den Kopf und verstreue soviel Salz wie ich konnte, massig. Mama sieht mich. «Was machst du mit dem Salz?» fragt sie mich. – «Ich werde Frosso hinauswerfen», sage ich und streue weiter. «Du wirst mir alles aufbrauchen», sagte sie und nimmt es mir aus der Hand. Ich ging hinein, setzte mich auf Papas Schoß und wartete, daß mein Zaubertrick wirkte. Sie begannen zu gähnen, Frosso öffnete ihren angestrichenen Mund, und ich glaubte, sie würde mich hinunterschlucken. «Laß mich jetzt gehen.» sagte Frosso. «Wir sind alle übernächtigt.» Sie ging, und wir hatten wieder unsere Ruhe. Am nächsten Tag erinnerte Papa sich an nichts mehr, an seinen Rausch, den er gehabt hatte, und er war liebevoll zu uns.

Mein Onkel Stamatis kehrte gerade von einer Beerdigung zurück und kam herein, um Guten Abend zu sagen. Mama küßte sofort seine Hand, so machten es die Jüngeren damals. Die Hand, die sie dir gaben, mußte man küssen, das zeigte die Hochachtung. Und wenn du ihm Wasser oder etwas anderes anbotest, mußte man aufrecht mit überkreuzten Händen stehenbleiben, bis er ausgetrunken hatte, um das Glas zurückzunehmen. «Ich kreuze meine Hände nicht, bis der Onkel das Wasser ausgetrunken hat», sagte ich und stellte meine Füße überkreuz. «Ohje, dieses Mädchen wird keinen Anstand lernen», sagte meine Mama und zeigte mir, wie ich stehen sollte. Wenn der Onkel abends kam, wußte ich genau, daß sie über Nacht wieder aufbleiben würden und eine Vengera machen würden.

Der Onkel erfuhr von Papas Rausch und dem lustigen Tanz mit Frosso, und er schimpfte mit ihm als der Ältere, der er war. Zum ersten Mal sah ich meinen Papa mit gesenktem Kopf zuhören, er kam mir wie ein kleines Kind vor, über dessen Ungezogenheit man schimpft. Sie redeten die ganze Zeit türkisch, und ich bemühte mich, etwas zu verstehen. «Onkel Stamatis, wieso könnt ihr so schlecht Griechisch?» – «Wir können es nicht, mein Mädchen, nur çat pat, ein wenig, können wir Griechisch.» Mein Onkel erzählte weiter vom Herrn Jorgos, zu dem er gegangen war. Sie warteten, daß er sterben würde, aber der Mann öffnete kurz seine Augen, und als er meinen Onkel sah, erschrak er und fragte: «Was habt ihr denn den Stamatis hergebracht? Muß ich sterben?» – «Nein, sei ruhig, ich bin gekommen, um dich zu sehen. Jeder, der mich sieht, glaubt, daß er sterben muß.» Sie setzten ihn in eine andere Ecke, damit der Todgeweihte ihn nicht sähe.

Eines Tages hatte ich gehört, wie Onkel Stamatis über den Koran erzählte, an den in der Heimat viele glaubten, und wenn jemand krank war, riefen sie den Hodscha, er suchte im Koran, wann der Kranke geboren wurde. Danach schrieb er eine Formel auf arabisch, riß sie in winzige Fetzen, löste sie auf und gab es dem Kranken als Heilmittel zu essen. Und wer glaubte, wurde gesund. «Onkel Stamatis, und wieso habt ihr ihm keine Formel aus dem Koran zu essen gegeben, damit er gesund wird?» – «Das tun nur die Türken in unserer Heimat, mein Mädchen. Hier in Griechenland glauben die Leute nicht. Sie glauben nur an den Arzt und sterben.» Sie redeten eine Weile, dann wurde es still. Einige Stunden redeten sie überhaupt nicht. Sie starrten nur ins Leere und seufzten ohjemineh. «Ach», sagte ich mir, «sie erinnern sich wieder an ihre Heimat.»

Es gefiel mir, von ihrer Heimat zu hören, wie schön sie war, und Onkel Stamatis erzählte, wie er durch den Jordanfluß gegangen war, als er ein junger Mann war, und er zeigte seine Füße. «Ihr, meine Füße, die ihr durch den Jordanfluß geschritten seid, wie werdet ihr ins Grab passen?» Ich betrachtete seine Füße und dachte: «Sie müssen heilig sein, denn sie sind durch den Jordanfluß geschritten.»

Oft, wenn ich alleine im großen Hof war und Gesellschaft haben wollte, sammelte ich entweder Steinchen und spielte Omades, oder ich nahm den Ball und spielte: Einmal für mich, einmal für Vangelia, einmal für Sula, und ich antwortete, indem ich ihre Stimmen nachmachte, um mir vorzustellen, daß ich mit ihnen spielte.

4

In jenem Frühjahr 1947 blieb draußen vor unserem Hof eine Frau mit ihrer Tochter stehen. Sie trug ein Kopftuch. Sie kamen aus einem entfernten Dorf und waren alte Bekannte von uns. Wir hatten gehört, daß dem Mädchen das rechte Bein fehlte, nachdem es auf eine Mine getreten war. Es blieb eine Weile im Krankenhaus, und jetzt kam sie wieder, um sich ein Holzbein anpassen zu lassen. Sie hoben sie vom Pferd und gaben ihr die Krücken. Man mußte einfach Mitleid mit ihr haben, ein so hübsches Mädchen mit einem Bein. Wieviele Generationen müssen vergehen, um den verfluchten Krieg irgendwie zu vergessen? Was können die Kinder für das, was die Großen beschließen? Wer ist schuldig an diesem Mädchen, das sein Leben lang mit dem Stigma des Krieges leben muß? Sie wird laufen, um die anderen einzuholen, aber sie wird es nicht schaffen, weil sie das Holzbein mit sich herumtragen wird.

Wir saßen alle im Hof herum. Das Mädchen lachte die ganze Zeit, sie freute sich, weil sie am nächsten Tag ihre Krücken wegwerfen würde. Die Erwachsenen diskutierten über das Dorf, über die Felder. Wir sprachen über unsere Angelegenheiten. Bald kam das Gespräch auch auf das Bein. Sie wollte sich Luft machen, wie sie immer sagte: «Ich war im Freien mit den Ziegen, und wir wollten nach gegenüber gehen, wo es mehr Gras gab. Wir gingen auf dem Feldweg, um hinüberzukommen, und peng!! ging eine Mine hoch. Ich erschrak. Ich merkte nicht, wie ich hinfiel.

Ich spürte einen Schmerz. Ich drehe mich um und sehe, daß mein rechtes Bein fehlte und daß Blut herausströmte. Mein Bein! rufe ich. Wo ist mein Bein? Und ich versuchte mich weiterzuschleppen, um es auf dem Boden zu suchen, bis ich das Bewußtsein verlor. Ich erwachte in einem Krankenhaus.» Und ihre Mutter fügte hinzu: «Zum Glück war noch jemand anderes da, der Ziegen weidete und den Krach hörte. Er rannte hin, zerriß sein Hemd und verband das abgerissene Bein, damit sie nicht zuviel Blut verlor, lud sie auf einen Esel und lief so schnell er konnte ins nächstgelegene Dorf, in dem es einen Gemeindearzt gab. Danach brachten sie sie ins Krankenhaus. Das andere Bein fanden sie weggeschleudert auf dem Feld nebenan, der Strumpf saß noch fest. Zusammen mit dem Bein waren auch zwei Ziegen durch die Explosion umgekommen.»

Ich hörte das und mir schauderte. Ich hielt mein Bein, um nachzusehen, ob ich noch beide hätte. Wir redeten und redeten; bis wir anfingen zu gähnen. «Maria schläft bei Eleni», sagt meine Mama, denn ein anderes Bett hatten wir nicht. «Für Frau Fotini machen wir auf dem Boden ein Lager.» Mir gefiel es immer, mit anderen Mädchen zu schlafen, aber sie machte mir mit ihrem einen Bein Angst. Ich sehe meine Mama böse an, aber sie hebt drohend die Hand und ich sage nichts.

Wir legten uns hin, sie erzählte mir einiges und wir lachten, bis sie sich plötzlich auf meine Seite drehte, ihr halbes Bein auf mich legt und einschläft. Oh mein Gott! Ich greife den halben Schenkel, der geblieben war und ich schiebe ihn auf die Seite; ich stehe auf und sage Mama:

«Ich werde auf dem Boden schlafen und Frau Fotini bei ihrer Tochter.» – «Wieso, mein Mädchen, das macht doch nichts. Ich kann auch da unten schlafen.» Ohne eine Antwort abzuwarten packe ich meine Bettdecke und verschwinde. Ich hatte mich neben das Bett von Mama hingelegt. Am Morgen fanden sie mich schlafend unter ihrem Bett, zwischen Kartoffeln, die sie dort hingetan hatten, damit sie draußen nicht anfroren.

Maria war fröhlich und heiter, sie sprach mit allen und über alles. Wenn sie lachte, wurde sie noch hübscher. Sie mußte unbedingt erzählen, daß sie bald einen jungen Mann heiraten würde, der bei einem ähnlichen Vorfall eines seiner Augen verloren hatte. Sie würden sich ihre Behinderungen und ihre Schmerzen teilen und die Schmerzen in Freude umwandeln. Ich bewunderte sie.

Am Nachmittag fanden wir uns alle wieder im Haus ein. Auch Maria kam, ohne Krücken. Sie hatte sich bei ihrer Mutter untergehakt, um nicht zu fallen, bis sie sich an ihr Holzbein gewöhnen würde. Sie zog es ein wenig nach, es war schwer. Sie mußte lernen, richtig damit aufzutreten und es nicht hinterherzuziehen, hatte ihr der Arzt gesagt. Sie bemühte sich sehr, das Mädchen. Sie blieben ungefähr zehn Tage bei uns. Wir spazierten ein wenig durch das Viertel, sie ging etwas schief nach rechts geneigt, aber sie war glücklich.

Mutter und Tochter machten sich auf den Weg ins Dorf und wir fingen am selben Abend an, uns zu kratzen und zu kratzen. Mein Vater zieht sein wollenes Unterhemd aus, das er auf der bloßen Haut trug, und was sah er da! Es war voller Läuse: «Oh nein, Fotini, was hast du uns angetan, du hast uns Läuse gebracht.» Er sammelte etwa dreißig lebend und tut sie in eine Schachtel. Ich fragte mich, was er wohl lebend mit ihnen anstellen würde, daß er sie sammelte. Irgendetwas würde er wieder aushecken. Er sagt mir: «Nimm Stift und Papier und schreibe: Liebe Fotini, Du hast ein paar Lebewesen in unserem Haus vergessen und ich schicke sie Dir zurück. Wir haben keine Verwendung für sie. Thanassis.» Wir schreiben noch die Adresse auf den Umschlag, er klebt ihn gut zu, damit keine Laus entwischt, und er brachte ihn am nächsten Tag auf die Post. Seit damals haben wir nichts mehr von Fotini und ihrer Tochter gehört.

Einmal im Monat stellte Mama den großen Trog auf und mühte sich mit der Wäsche ab. Hinten im Hof hatte sie eine Stelle hergerichtet, wo sie das Feuer anzündete; sie setzte den Kessel mit Wasser darauf und begann. Sie wusch, hängte sie auf, und einiges kochte sie. Zu der weißen Wäsche gab sie Pottasche und zum Schluß Waschblau. Sie hängte sie auf, hängte sie ab und tat später ein paar Kohlestücke in das Bügeleisen. Dann begann sie mit dem Bügeln. Am frühen Abend bezog sie die Steppdecke mit dem Bettlaken.

Im Sommer blieb Papa auf dem Feld. Er mußte auf das Gemüsefeld aufpassen, und er freute sich daran, das krr-krr der Melonen beim Wachsen zu hören. Er war ein Mensch, der es überall aushielt: Monate auf den Feldern, an der frischen Luft, in der Natur, um zu arbeiten und zu schwitzen und sich nachher mit einem Handtuch, das er immer bei sich hatte, abzurubbeln. Danach hob er den Wasserkrug hoch und trank. Dann machte er Uff – und war zufrieden. Genauso gefielen ihm Krach und Radau. Er mischte sich mitten unter Leute, die sich stritten, um Fausthiebe auszuteilen und einzustecken. Ihm gefiel eine gute Gesellschaft, Gesang und Tanz. Sobald er auf Festen Musik hörte, zog er an seinem Schnurrbart, wippte mit den Füßen, rief erst: «Auf!» und dann begann er zu tanzen. Er war auch kein Kostverächter. Sobald er eine schöne Frau sah, achtete er nicht darauf, wer in seiner Nähe war und sagte ihr die einschmeichelndsten Worte und zwirbelte seinen Schnurrbart. Außerdem mochte er Trinken und Karten. Die Zigaretten drehte er selbst. Er hatte immer einen Tabakbeutel und Zigarettenpapier bei sich. Er drehte und zündete die nächste Zigarette mit dem Feuer der alten Zigarette an, bevor sie ausging. Wenn er mit einer Arbeit zugange war, ließ er sich durch nichts davon abbringen, bis er sie zu Ende gebracht hatte. Und wenn er feierte, dachte er an nichts anderes als an das Fest: Weder an die Arbeit noch an die Familie: «Ach, als Allah mich geformt hat, hat er gesagt: Laß mich auch ein paar Vergnügungssüchtige machen und sie auf die Erde werfen, damit das Leben nicht so langweilig wird. Ach, Allah, wie hast du bloß diese alte Welt erschaffen, du hast für alles gesorgt, du hast nichts vergessen.»

Der Tabak war dieses Jahr nicht gut geraten. Es hatte nicht geregnet und er war überhaupt nicht gewachsen. Als Papa das sah, sagt er meiner Mama: «Müh dich nicht ab. Dieses Jahr wird er nichts. Wir werden uns vergeblich abmühen und es kommt nichts dabei heraus.» Aber ihr tat es um die Mühe leid, daß sie den Tabak gepflanzt und gehackt hatten, und sie sagte ihm: «Ich werde ernten gehen, was da ist und soviel auch gewachsen ist, wird das ein Gewinn sein.» – «Frau, ich mische mich nicht in den Tabak ein», sagt Papa. «Mach was du willst, ich habe weder an der Mühe Interesse noch am Gewinn. Behalte das Geld, das du einnimmst, wenn es sich verkauft. Ich werde in den Garten gehen und mich besser um die Melonen kümmern. Damit werde ich viel mehr Gewinn machen.»

Er spannte den Karren an, nahm, was er brauchte und fuhr aufs Feld, um dort zu bleiben. Mama versorgte ihn und brachte ihm jedes Wochenende Brot und andere Nahrung für die ganze Woche, und er kümmerte sich um den Garten. Meine Mutter ging täglich und erntete soviel Tabak, wie es gab – jeden Tag einen Ballen. Sie hatte auch nicht den Karren mit dem Pferd. Den hatte Papa im Garten behalten; deshalb mußte sie zu Fuß gehen. Auf dem Rückweg trug sie den Ballen Tabak auf ihrem Kopf. Wenn sie unterwegs einen Bekannten traf, nahm dieser sie auf dem Karren mit, wenn nicht, mußte sie die ganze Last vom Feld bis zum Haus auf ihrem Kopf transportieren. Sie war sehr erschöpft; ihre Augen waren die ganze Zeit rot und geschwollen. Ich half ihr beim Auffädeln und wir trockneten sie in der Sonne. «Mama, wie kannst du jeden Tag eine so große Last zu Fuß auf deinem Kopf transportieren?» fragte ich sie. «Was soll ich machen, meine Tochter? Es ist schade, wenn es verloren geht. Je mehr ich ernte, desto besser. Und wenn wir es verkaufen, wird das Geld uns gehören, so hat es dein Vater gesagt. Wir werden zusammen einkaufen gehen, was wir für das Haus brauchen, und das Übrige ist für uns. Ich werde dir ein schönes Kleid und einen Mantel für den Winter kaufen.» Wir fädelten den ganzen Tag und überlegten, was uns fehlt und was wir kaufen müßten. Wir sahen, wieviel Tabak wir geerntet hatten und malten uns in unseren Träumen aus, was für schöne Sachen wir kaufen würden.

Am nächsten Tag, einem Sonntag, wollte mein Onkel Stamatis auf sein Feld fahren, das nahe bei unserem lag. Mama bat ihn, uns mitzunehmen. Sie machte schon am Abend vorher frisches Brot, Oliven, Heringe und etwas Eingepökeltes fertig, alles, was sich bei Hitze hält, und wir brachen auf. Dieses Mal waren die Felder voller Vogelscheuchen, das heißt zwei Stück Holz in Kreuzform mit irgendwelchen Lumpen darüber, damit die Vögel sich fürchteten und keinen Schaden an den Früchten anrichteten. Wir nähern uns unserem Feld und ich sehe von weitem eine Vogelscheuche, die Papa ähnelte. Sie trug seinen Hut, seine Jacke und es schien mir, als würde sie lächeln. «Papa grüßt uns», sagte ich zu ihnen. «Hör auf», sagt Mama zu mir, «das ist eine Vogelscheuche.»

Wir fahren weiter und erreichen die Baracke. Dort war es schön kühl. Mein Vater hatte sie mit einigen Brettern höhergebaut und das Bett mit Heu gefüllt. Sie war sehr schön. Ich stieg oft hinauf und hinunter und sie gefiel mir. Ich sehe meinen Walnußbaum, er war schon gewachsen und war voller Walnüsse.

Als das Pferd mich sah, begann es zu wiehern und mit seinem Kopf zu schütteln. Es hatte mich erkannt. Ich streichelte es und kämmte es mit einem alten Kamm, den ich dort fand. Der kleine Fluß in der Nähe floß ruhig dahin, wie immer. Wir tranken sein Wasser, wuschen uns mit ihm und bewässerten damit.

Ich begutachtete die Melonen, mit deren Ernte in etwa einer Woche begonnen werden würde und die dann zum Verkauf in die Stadt gebracht werden müßten. Ich suchte eine schöne aus, wir schnitten sie ab und aßen sie mit frischem Brot und Oliven.

Die Sonnenblumen dort waren gewachsen und vom Gewicht neigten sie ihre Gesichter zu Boden. Mama würde sie mitnehmen, kurz in der Pfanne braten und dann hätten wir im Winter Sonnenblumenkerne für die Vengera.

Der Mais war gereift, wir rösteten einige Kolben über dem Feuer und aßen sie. Die restlichen ernteten wir ab und nahmen sie nach Hause mit. Wir entfernten ihre Haare, trockneten sie und brachten sie dann zu einem Gerät, daß die Maiskörner vom Strunk löste. Danach mahlten wir etwas Mais und Mama machte Maisbrot und Katsamaki. Das Katsamaki geriet etwas flüssig mit dem Sirup und wir aßen es wie eine Süßigkeit; es war lecker.

Die Tabakernte fand ein Ende. Jetzt, da wir sie alle zu Paketen verschnürt hatten, rechnete ich mit Mama aus, wieviel Okka es würden und wieviel Geld wir bekommen würden. Das einzige, das wir nicht miteingerechnet hatten, war, daß mein Vater ihn verkaufen würde und wir keinen Pfennig sehen würden. Den Händler, den Papa ins Haus brachte, den sahen wir. Sie wogen den Tabak und trugen ihn auf einen Karren, aber Geld sahen wir keines. «Wann wirst du uns das Geld geben?» fragte Mama. «Es soll einer mit mir ins Büro kommen, um es in Empfang zu nehmen.» – «Ich komme mit», sagt mein Papa und begleitet ihn. Wir warteten und warteten, aber Papa erschien nicht. Je mehr die Zeit verstrich, desto unruhiger wurde Mama. «Meinst du, Eleni, daß er heute abend wieder trinkt und uns das Geld wegsäuft?» – «Nein, das glaube ich nicht», sage ich zu ihr. «Er wird es bringen.»

Als es Morgen wurde und er noch nicht erschienen war, hatten wir schließlich beschlossen, daß wir kein Geld sehen würden. Das schöne Kleid und den Mantel, den Mama mir versprochen hatte, sah ich in meiner Phantasie eine andere Frau tragen, vielleicht sogar Frosso. Die Arbeit eines ganzen Sommers, und vor allem Mamas Anstrengung, die ihre Augen gerötet hatte durch das Gewicht auf ihrem Kopf beim Tragen, waren an einem Abend verloren. Das ganze Kafenio würde bewirtet werden. Sie würden sagen: «Lang lebe Thanassis, der Trottel!»

Er kam am nächsten Tag, noch immer sternhagelvoll, und fiel hart auf den Vorhof aus Zement. «Steh auf und leg dich drinnen hin. Hier wirst du dich erkälten» sagte ihm Mama. – «Laß mich hier, damit ich krepiere», antwortete er. «Das verdiene ich, so wie ich mich benehme. Euer Geld ist futsch, ich habe es ausgegeben, ohne es zu wollen.» – «Das macht nichts, Thanassis, wenn wir nur gesund sind. Wir werden arbeiten und es wieder zusammenbringen.» Und die Ärmste mühte sich ab, ihn vom Boden hochzuhieven.

Ich half ihr dabei, wir stellten ihn auf die Füße und brachten ihn ins Bett. Mama zieht ihm die Schuhe aus und er redet immer noch. Er schimpfte auf sich selber und über seine schlechten Angewohnheiten. Er redete wirr vor sich hin. Endlich fiel er in Schlaf. «Was sollen wir tun, mein Mädchen, alle haben ihre Fehler. Er hat diesen, und ich habe keinen anderen Verwandten, um ihm meine Sorgen zu erzählen. Ob gut oder schlecht, ich habe nur ihn. Aber ich werde woanders arbeiten und dir den Mantel und das Kleid kaufen, sei nicht traurig», sagte sie zu mir und umarmte mich. Dimitria hatte ein sehr weiches Herz. Sie war zum Lieben geboren und opferte sich für alle auf. Sie richtete über niemanden und hatte keinen einzigen Feind. Sie rechtfertigte alle und alles und verzieh Thanassis leicht alle Fehler. Es genügte, wenn er ihr sagte: «Ich wollte es doch nicht, Dimitria. Das Trinken ist schuld, es läßt mich nicht los.» Und sie vergaß ihm alles.

5

Es war September 1948. Seit genau sechs Jahren hatte ich meine Geschwister nicht mehr gesehen. Ich wartete darauf, etwas zu hören, oder daß man mir endlich sagte, wo sie sich befanden, aber es kam nichts. Ich verstand schließlich, daß es etwas Verbotenes war. Wenn jemand bei Gelegenheit nach jener Tante und den verbotenen Cousinen und dem Cousin fragte, dann machten sie sich Zeichen und zwinkerten mit den Augen und das Gespräch erstarb. Ob ich meine Geschwister wohl erkennen würde, wenn ich ihnen plötzlich irgendwo begegnen würde? Und wenn sie mich sehen würden, würden sie mich sofort erkennen, fragte ich mich.

In der Schule lief es gut, sie gefiel mir, ich nahm an allen Schulfesten teil. Aber niemals kam irgendjemand für mich, um mich zu bewundern. Das mißfiel mir sehr. Für meine Mitschüler und Mitschülerinnen kamen immer ihre Eltern und Verwandten, voller Stolz sagten sie ihre Gedichte auf und wurden hinterher beglückwünscht. Ich hielt Ausschau, ob ich nicht jemand Bekannten sähe, der mich beglückwünschen würde. Nichts. Mama war immer zu Hause, sie ging selten aus und dann zusammen mit Papa. «Mama, heute werde ich mein Gedicht aufsagen, kommst du, um mich zu hören?» – «Wie soll ich denn dahin, mein Mädchen, inmitten sovieler Leute, was soll ich dort tun? Ich weiß, daß du es gut aufsagen wirst.»

Papa kam insgesamt zweimal in die Schule: einmal, um mich einzuschreiben, und einmal, um meine Noten zu erfahren. Das war es dann. Sie konnten weder lesen noch schreiben, um mir zu helfen und sie vermieden es, in die Schule zu kommen. Nur in die Kirche gingen wir ab und an mit der Mama.

Sonntags nach der Kirche ging ich auch in den Katechismusunterricht. Er war nicht obligatorisch, aber ich ging hin und er gefiel mir. Eines Sonntags ging ich wieder wie immer in den Katechismusunterricht und sah in einer Ecke einen Neuankömmling, ein Mädchen, ein wenig älter als ich. Die roten Locken und die Sommersprossen zogen meine Aufmerksamkeit auf sie. Ich bemühte mich, die halbverschüttete Erinnerung wieder wachzurufen, von der ich ein verschwommenes Bild hatte. Meine Gedanken wanderten in die Vergangenheit. Mein Gott, sag bloß, es stimmt, oder täuschten mich ihre roten Haare? Ich schließe meine Augen, konzentriere mich und versuche, etwas Licht in meine dunklen Erinnerungen zu bringen. Diese Sommersprossen, das rote Haar und ein Zug, der pfiff, wirbelten in meinem Kopf durcheinander. Unbewußt hatte ich mich auf meine Zehenspitzen gestellt, so als wollte ich etwas sehen, an das ich nicht heranreichte. Und dann erinnerte ich mich. Der Zug taucht wieder schemenhaft vor mir auf. Wir waren eine Schar Kinder in einem Waggon, und die Großmutter mit meiner Mutter, beide schwarzgekleidet.

Das rothaarige Mädchen sah aus dem Zugfenster hinaus. «Oh, ganz viele Schäfchen», ruft sie. Ich reiche nicht bis zum Fenster, um etwas zu sehen, und ich stelle mich auf die Zehenspitzen. Als sie mich endlich hochhoben, waren die Schafe vorbei und ich weinte, weil ich sie nicht gesehen hatte. Ich öffnete meine Augen, ich betrachte wieder das Mädchen, sie war immer noch dort. Ich betrachte sie, und sie sieht mich auch zweifelnd an. Ich näherte mich ihr, als würde ich von irgendetwas magnetisch angezogen. In dem blassen und schmalen Gesichtchen erkannte ich meine Schwester und auch sie erkannte mich sofort, obwohl sechs Jahre vergangen waren, seitdem wir getrennt worden waren und wir uns nicht wiedergesehen hatten. Richtig heißt es «Blut ist ein ganz besond'rer Saft». Sie war zwei Jahre älter als ich und erinnerte sich an mehr als ich. Wir machten uns schnell bekannt. «Bist du nicht die kleine Eleni?» fragte sie mich. «Ja», sage ich ihr sofort, «ich habe dich auch erkannt. Du bist Athanassia.» Wir umarmten uns und brachen in Tränen aus. Sie fragte mich einiges und ich antwortete ihr unter Tränen. «He, ihr da», ruft der Priester, der uns den Katechismusunterricht gab, «wieso streitet ihr euch? Ihr macht zuviel Lärm.» Wir konnten unsere Tränen nicht zurückhalten. Sicher nahmen sie an, daß wir über eine kindische Zänkerei oder irgendein Spiel weinten. Dabei weinten wir doch vor Freude, daß wir uns wiedergefunden hatten. Den ganzen Unterricht lang hielt meine Schwester mir die Hand.

Wir verließen den Kirchsaal Hand in Hand. Ich erfuhr, daß sie umgezogen waren und ganz in der Nähe wohnten, hinter der Kirche, in einem kleinen Häuschen. Durch das Fenster sah man das ganze ärmliche Innere. «Komm», sagte sie mir, «die anderen sollen dich auch sehen, sie werden sich sehr freuen.» Ich lief hinter ihr her und bevor ich es richtig begriffen hatte, befand ich mich im Hof. Ein anderes Mädchen fegte den Hof sauber, während der Junge ein altes, kaputtes Fahrrad reparierte. Das waren meine beiden anderen, älteren Geschwister. «Na so was, die kleine Eleni», riefen sie und liefen zu mir. Genau wie meine Mutter Barbara, die ich sofort erkannte, denn ich hatte sie ja vor zwei Jahren auf der Dorfkirmes getroffen.

Nach ein paar Minuten Schweigen, in denen die Augen aller auf mich geheftet waren, wurde ich verlegen und wußte nicht, was ich sagen sollte. – «Hier wohnt ihr jetzt?» stotterte ich. – «Ja, jetzt sind wir nicht mehr so weit auseinander und werden uns häufiger sehen.» Und dann begannen die Fragen. Wie es mir bei «meinen Eltern» ginge, ob ich sie liebe, und vieles anderes. Das einzige, was wir niemals ansprachen, war, in welcher Weise wir verwandt waren. Das vermieden alle, es war, als würden wir Theater spielen, mit falschen Rollen. Später erfuhr ich, wieso sie sich soviele Jahre nicht hatten blicken lassen, um mich zu sehen. Das hatte Papa ihnen verboten, damit sie mir nicht den Floh ins Ohr setzten, daß ich zurückwollte. Er hätte die verrücktesten Dinge getan, um mich nicht zu verlieren.

Ab dem folgenden Tag trugen mich meine Füße ganz von alleine dorthin. In jeder freien Stunde, in der ich die Erlaubnis bekam, spielen zu gehen, lief ich dorthin, zu ihnen. Es genügte mir, sie zu sehen und von ihrem wenigen Essen abzubekommen. Ich spielte unbeschwert mit meinen Geschwistern, die für mich die «wertvollsten Spielsachen» der Welt waren. Und am Abend, ziemlich früh, kehrte ich zu meinen Adoptiveltern, meiner Bestimmung, zurück.

Meine dauernde Abwesenheit von zu Hause beunruhigte meinen Papa und eines Tages, ohne daß ich es merkte, blieb er mir auf den Fersen und entlarvte mein kleines Geheimnis. Ich betrat ihren Hof, ich hatte kaum ein Wort gesagt und Papa erschien auf der Schwelle. Als er ihnen gegenüberstand, sprühten seine Augen Funken vor krankhafter Eifersucht. Ich wäre am liebsten vom Erdboden verschluckt worden und sagte kein einziges Wort. Er begann sie anzuschreien, sie zu beschimpfen, wie sie es wagen könnten, mich in diesen Zwiespalt zu bringen, wo er es ihnen doch verboten hatte: «Ab heute seht ihr sie nicht wieder. Wenn ihr es wagt, bekommt ihr es mit mir zu tun.» Er wendet sich zu mir, faßt grob meine Hand und zieht mich hinaus: «Ich habe es dir schon so oft gesagt. Ich will nicht, daß du mit diesen Verwandten wieder sprichst. Hast du das verstanden?» Meine Beine rannten, um mit seinem hektischen Gang Schritt zu halten, aber meine Seele blieb bei ihnen. Ich warf einen letzten Blick zurück und sah ihre traurigen Gesichter, die ich wer weiß wann wiedersehen würde.

Unterwegs schimpfte er zum erstenmal so böse mit mir, als hätte ich ein schlimmes Unheil angerichtet. Ich fürchtete ihn das erstemal so sehr und verstand, daß Eifersucht die schlimmste Krankheit ist.

Die nächsten Tage zog ich mich ins Haus und in mich selbst zurück, ich konnte nicht damit fertig werden, daß ich sie nicht wiedersehen sollte. Danach vergingen einige

Monate und ich erfuhr nichts weiter. Eines Abends legten wir uns schlafen, ich schloß meine Augen und malte mir in meiner Phantasie alles Schöne für sie aus.

Kurz darauf höre ich meinen Vater, wie er Mama Dimitria auf Türkisch etwas erzählt, weil er glaubte, daß ich eingeschlafen sei: «Endlich sind wir sie los. Ihre Mutter ist mit den Kindern nach Thessaloniki gegangen, zu irgendwelchen Verwandten von ihnen. Weißt du, was das für uns bedeutet? Wir brauchen uns um unser Kind keine Sorgen mehr zu machen.»

Ich hörte den Namen Thessaloniki, aber ich wußte nicht, wo genau das war. Mein Herz begann heftig zu schlagen. Hatte ich richtig verstanden oder hatte ich mich geirrt? Ich verstehe nicht alles auf türkisch. Es war wieder eine quälende Nacht für mich, ich betete zu Gott, daß es bald Morgen würde und ich hingehen könnte, um nachzusehen.

Am nächsten Tag, es war ein Sonntag, erteilten sie mir sofort die Erlaubnis, in die Kirche zu gehen, denn für sie gab es keine Störenfriede mehr. Ich erreichte die Kirche und schlug den kleinen Weg dahinter ein, der zu ihrem Haus führte. Ich klopfte voll Sehnsucht an die Tür, niemand, Leere. Ich laufe zum Fenster, ducke mich nieder und sehe in das Innere. Nein, mein Gott, nein. Kahl und leer, nur ein zerborstener Stuhl, in eine Ecke geworfen. Ein festgenageltes Brett an der Wand, aber die Ikone der Heiligen Barbara fehlte. Alles brach über mir zusammen. Ich beginne zu rufen. Mama, liebe Mama, wieso bist du weggegangen?

Hast du vergessen, mich mitzunehmen, eine Stoffpuppe, die um dich und ihre Geschwister weint?

Wieviele Stunden ich dort am Fensterbrett hing, ich weiß es nicht; ich kümmerte mich auch nicht darum, daß ich mein neues Kleid schmutzig machte. Ich weinte und weinte aus meiner ganzen Seele und versprach mir selber, wenn ich groß wäre, würde ich sie finden, unter jedem Opfer. Die Welt ist klein, dachte ich, irgendwo würden wir uns wieder treffen, und dann würden wir uns vielleicht nicht wieder trennen. Ich machte mich auf den Rückweg, betrat den Vorhof, die Kirche war vorüber, ich betete für sie und ging. Als Mama mich weinend und schmutzig sah, erschrak sie. «Was hast du, mein Kind, wieso siehst du so aus?» – «Ich bin hingefallen und habe mein neues Kleid schmutzig gemacht», sage ich zu ihr. «Komm, komm, hör auf, das Kleid kann man waschen.» Ich konnte ihr nicht sagen, daß das Kleid ruhig in Fetzen sein dürfte, wenn nur mein Herz heil wäre. Ich schwieg und wechselte das Gesprächsthema, damit sie nichts merkte und traurig wäre.

Am selben Nachmittag ließen sie mich allein und gingen zu irgendwelchen Bekannten. Mir ging das Bild des leeren Zimmers nicht aus dem Kopf, das ich am Morgen gesehen hatte. Ich überlegte, was ich tun könnte. Mir kam etwas in den Sinn. Ich reiße ein Blatt aus meinem Heft heraus und schreibe, so gut ich halt schreiben konnte: «Ihr seid schon wieder fortgegangen, ich habe euch verloren und weine um euch. Ich weiß nicht, wohin ihr gegangen seid. Aber ihr wißt, wo ich wohne und ich werde immer auf euch warten. Eleni.» Ich falte das Blatt zweimal und schreibe auf die Rückseite: «Für meine Tante Barbara in Thessaloniki.» Ich nehme meine Puppe mit, laufe und sage ihr: «Hab keine Angst, jetzt, da ich lesen und schreiben kann, werden wir sie finden.» Wir erreichen das Haus. Am Fenster zur Straße fehlte eine Fensterscheibe. Ich beuge mich hinein und werfe den Brief hinein. Vielleicht würde ihn jemand finden und ihn ihnen geben. Dieses Blatt sollte sich im Schoß meiner Mutter erwärmen, damit sie etwas von mir hat.

Ich rannte nach Hause zurück, aus Furcht, sie könnten zurückkommen und ich wäre nicht zu Hause.

6

Aus der Krankenstation neben uns war ein Krankenhaus geworden, und es war immer voll. Jeden Tag gingen Leute ein und aus, entweder um den Verwandten oder den Freund zu besuchen oder um den kranken Vater, die Mutter oder das Kind zu bringen. Wir sahen viel und trauerten jedes Mal, wenn ein Mensch verloren war.

Ich erinnere mich an einen Vater, der sein totes Kind in den Armen hatte – kalt und steif. Er trug es weinend, setzte es in den Karren, deckte es zu und brachte es alleine ins Dorf. An einem anderen Tag wurden wir von wilden Rufen erschreckt, und auch wir rannten hin. Sie hatten fünf junge Soldaten gebracht. Ihr Militärfahrzeug war umgekippt und alle fünf waren getötet worden. Einer trug sogar einen Ehering. Ein Mädchen weinte neben ihm und klagte, wie es sein Kind hinterlassen könne. Sie hatten alle auf dem Grün im Hof hingelegt. Ihre Khakikleider waren blutgetränkt. Einen nach dem anderen trugen sie in den Keller hinunter, bis die Ihren kämen, um sie abzuholen. Einige Männer faßten mit an und halfen, sie hinunterzutragen. Sie legten sie auf einige Bänke. Ich kannte alle Ecken und Winkel und stieg mit Kyra-Maria hinunter. Sie arbeitete als Putzfrau im Krankenhaus und gab uns manchmal vom übriggebliebenen Kompott. Neben der Putzarbeit wusch sie die Toten und zog sie um, um etwas dazu zu verdienen. «Komm, Kyra-Maria, wasch das Blut ab und reinige sie für die formelle Leichenschau», sagte der Arzt. Kyra-Maria machte eine

Schüssel mit Seifenlauge fertig, als würde sie Kleider waschen. Mit einem Schwamm säuberte sie die verwundeten Stellen. Sie rieb das eingetrocknete Blut, um es zu lösen, und ich hatte den Eindruck, daß sie jetzt vor Schmerz aufschreien müßten. «Los, geh!» sagte sie zu mir. «Sonst fürchtest du dich heute nacht wieder im Schlaf.» Wir kannten Kyra-Maria gut. Sie kam fast jeden Abend zu uns nach Hause, wenn sie ihre Arbeit beendet hatte, und trank mit meiner Mutter Kichererbsenkaffee. Von ihr erfuhren wir von allen Kranken. Das Wasser hatte sich rot gefärbt in der weißen Schüssel und noch war der erste Soldat nicht fertig. Der Wasserhahn und der alte marmorne Ausguß im Keller waren sehr hilfreich. Aber es roch unten nach Schimmel und Feuchtigkeit. Danach zog sie dem einen das blutige Hemd aus und setzte die Wäsche fort. Da wurden die verwundeten Stellen an der Seite und auf der Brust sichtbar. Im Gesicht hatte er eine große Wunde. Seine Stiefel waren unversehrt. Kyra-Maria betrachtete sie wiederholt und steckte sie dann in ihre Tasche, um sie mitzunehmen. Sie hatte einen harten Gesichtsausdruck. Vielleicht von allem, was sie jeden Tag sah. Aber sie sagte auch: «Ach, Yavrum, mein Kleines, wieviele Mütter und wieviele Mädchen werden um diesen jungen Kerl wieder weinen.» Vielleicht rechnete sie auch für sich nach, fünf Personen zu zweihundert machen eintausend Drachmen für uns. Ich werde mir das Holz für den Winter kaufen, das Öl, und bin einigermaßen abgesichert. Das heißt «Dein Tod ist mein Leben». Sie nahm sozusagen den Rauch aus einem fremden Kamin.

Bei dreien von ihnen war sie schon mit den Kleidern fertig, die ihre Angehörigen gebracht hatten. Sie warteten draußen, um ihre jungen Männer in Empfang zu nehmen, mitsamt dem Totenschein. Der Arzt ruft sie und gibt ihnen das Papier, als wäre das etwas normales. «Herzliches Beileid!» sagt auch Kyra-Maria, die ihre Hand geöffnet hatte, um für ihre zusätzliche Arbeit bezahlt zu werden. Sie hatte ihnen ihre beste Kleidung angelegt, wie Bräutigame sahen sie aus; sicher würden sie auf den Beerdigungen Hochzeitsmandeln verteilen. So machen sie es mit den unverheirateten Männern. Draußen warteten zwei Eselskarren und ein Lieferwagen. Sie beluden sie und fuhren fort.

Kyra-Maria wechselte das Wasser in der Schüssel, tat etwas Essig dazu und ging hinein, um die beiden anderen fertig zu machen. Ich pflückte einige Blumen im Garten, etwas wilden Wein und Löwenmäulchen und brachte sie hinunter in den Keller. Ich legte sie neben sie und Kyra-Maria schimpfte mit mir: «Pflück die Blumen nicht ab! Wenn wir neben alle Toten Blumen legen würden, wäre der Garten bald verwüstet. Los, geh jetzt nach Hause, Tote sind nichts für Kinder.» Ich ging hinaus. Ein paar Jungen lieferten sich eine Steinschlacht und weckten den Ort mit ihrem Krach. Später prügelten sie sich wild.

Ich rannte in unseren Hof und schloß die Tür hinter mir. Ich sehe Mama, die in der Vorratskammer ein und aus geht und einige verendete Mäuse hinauswirft. Ich wollte gerade fragen, was los ist, da sehe ich meinen Vater über einem Faß gebeugt; er hielt einen leeren Sack und versuchte die Mäuse zu töten, die hineingeschlüpft waren, um Weizen zu fressen. Sie fiepten, versuchten zu fliehen, aber sie schafften es nicht. Sie rutschten wieder ins runde Faß. Dort erwarteten sie der leere Sack und zwei Hände. «Oh, Papa, es ist schade um sie! Hörst du nicht, wie sie schreien, um gerettet zu werden?» – «Wer, die Mäuse? Was erzählst du da, meine Tochter. Ist es nicht schade um uns, wo man uns täglich tötet? Hört uns irgend jemand? Es sind nur Mäuse, sei nicht traurig.»

Hinter unserem Hof war der Stall. Dort hatten wir unser Pferd, unsere Kuh, Schweine, Hühner und Enten. Auf dem Hof waren Asor und die zwei Katzen. Bei uns war immer etwas los, und alle Kranken sahen aus dem Fenster zu.

«Eleni!» ruft plötzlich mein Vater. «Komm, nimm den Stock und treib das Schwein an, damit es sich bewegt und wir es wegbringen können.» – «Wohin bringen wir es?» – «Zum Bräutigam», sagt er. – «Zu welchem Bräutigam? Hat ein Schwein auch einen Bräutigam?» – «Natürlich, den haben alle.» Ich schämte mich, wie mein Vater das Schwein mit einem Tau vorne zog, und ich hinterher, und wir mehrere Gassen durchquerten. Ich glaubte, alle würden mich sehen und hielt meinen Kopf gesenkt. Und dieses eigensinnige Schwein, das bewegte sich nicht vorwärts. Und mir tat es leid, es zu schlagen. «Gib ihm eins drauf!» rief mein Vater. Endlich kamen wir an. Ich setzte mich, um zu sehen, was für ein Bräutigam uns erwartete. Und ich sehe, wie ein männliches Schwein angelaufen kommt und begann, an unserem zu riechen. «Los, geh, spiel mit dem Mädchen!» sagt Papa zu mir. «Ich werde dich rufen.» – «Komm Thanasis, wir essen eine Kleinigkeit», ruft der andere Herr. «Frau, mach den Uso fertig, und setz die Pfanne auf», ruft er seiner Frau zu. Er geht in den Pferch mit den vielen Schweinen. Es entsteht ein Tumult, die Schweine begannen zu quieken. «Was macht er?» fragte mein Vater die Frau. «Er kastriert sie, weil wir sie ordentlich füttern und mästen wollen, um sie zu schlachten.» Er bringt auf einem Teller die Hoden und gibt sie seiner Frau: «Brate sie, damit wir etwas essen.» Aus dem Pferch hörte man das schrille Schreien der Schweine.

Es war fast dunkel. Wir nahmen unser Schwein wieder, und, vorne der Vater hinten ich, kehrten wir nach Hause zurück.

Frosso war ein regelmäßiger Gast in unser Haus geworden. Sie kam, saß stundenlang, sie redeten bis Mitternacht, und Papa zeigte großes Interesse an ihr. Immer geschminkt wie zu Karneval, mit viel Klimbim um den Hals, an den Händen, an den Ohren. Sie tranken einige Gläser und später begannen sie zu singen, bis um Mitternacht. Die Nachbarschaft begann sich lustig zu machen, und mich störte das sehr.

Eines Tages, als ich aus der Schule mit einigen Nachbarskindern zurückkehrte, sagt mir ein Mädchen: «Du, hat dein Papa eine Freundin?» – «Was meinst du, du blöde Kuh?» sage ich zu ihr und stürzte mich auf sie. Das Mädchen bekam Angst und lief weg. Und ich renne hinter ihr her, bis sie ihr Haus erreichte, hineinlief und den Riegel vorschob. Ich sehe den Schlüssel von draußen, den sie nicht geschafft hatte herauszuziehen. Ich schließe sie ein und werfe den Schlüssel ins Gras im Garten. «Da bleibst du den ganzen Tag», sage ich zu ihr, «bis heute abend, wenn deine Eltern aus dem Feld kommen. Damit du lernst, nicht über meinen Vater zu reden.» Und ich verschwand nach Hause.

Ich war total durcheinander. Ich schlug sie und sie schlug mich. Ich erzählte das zu Hause. Vielleicht war das der Grund, weswegen die Besuche von Frosso seltener wurden, und bei uns kehrte wieder Ruhe ein.

Hinter unserem Haus war ein provisorischer Markt mit Baracken. Was immer dein Herz begehrte, wurde dort verkauft. Es gab alles. Dort hatte auch Barba-Thomas eine Baracke. Er war zu allen liebenswürdig, zugänglich und hilfsbereit.

Eines Tages wurden die Baracken angezündet, sie verbrannten alle, nicht eine blieb stehen. Barba-Thomas weinte und verwünschte die Hände, die das Feuer gelegt hatten. Ich laufe auch hin mit Asor, und was muß ich da sehen! Überall Asche, Verbranntes, Angekohltes. Asor wühlte herum, um etwas Freßbares zu finden, aber was sollte der Ärmste in der Asche schon finden.

Bald erschien ein Rudel hungriger Hunde, die auch mit ihren Pfoten in den verbrannten Resten scharrten. Das tat mir in der Seele weh. Sie schnüffelten am Boden, wühlten und waren voller Asche. Einer, der weiter unten einen Laden hat, kommt und ruft: «Ich zeige euch jetzt was, Scheißköter, daß ihr ordentlich freßt.» Er hatte Fleischstücke bei sich und warf jedem eines hin. Aber das Fleisch war vergiftet, es waren Köder. – «Nein, nicht meinem Hund! Mörder!» schrie ich ihn an. «Dann nimm ihn und verschwinde, Kleine, denn wenn er wiederkommt, entkommt er nicht.» Mit Mühe hielt ich Asor, der auch hinlaufen und fressen wollte. Bald begannen die Hunde zu wimmern, und einer nach dem anderen fiel verendet zu Boden. Dieses traurige Bild blieb in meiner Erinnerung haften. Ich nehme Asor, wir gehen nach Hause, ich feuchte ein Stück trockenes Brot an und gebe es ihm zu fressen.

Barba-Thomas wechselte den Beruf. Er kaufte einen Esel und einen kleinen Eselskarren, zog durch die Viertel und verkaufte Obst und Gemüse. Durch unser Viertel kam er einmal die Woche. An den anderen Tagen zog er durch die anderen Viertel. Alle kannten ihn, und alle kauften bei ihm ein.

Eines Tages trafen sich einige Frauen, um Schminke herzustellen. Das heißt Gesichtscreme. Aber wenn ihre Schminke gut werden sollte, mußten sie sich eine Lüge ausdenken. Wenn die Leute sie glaubten, würde die Schminke gut geraten, und die Frauen würden sie auftragen, um schöner zu werden. «Was sollen wir sagen? Was sollen wir bloß sagen?» – «Ich hab's», sagte eine. «Wir sagen, daß Barba-Thomas gestorben ist. Bis nächste Woche, wenn er aus der Umgebung wieder herkommt, glauben das alle.» Das wurde in der Nachbarschaft verbreitet, und alle erfuhren es: «Barba–Thomas ist tot. Der Ärmste, wir hatten das nicht einmal in einem Traum vorausgeahnt.» Alle trauerten um ihn, einige weinten um ihn, und die Schminke geriet gut. Die Frauen trugen dick Schminke auf. Danach zogen sie Kopftücher über, damit die Sonne nicht ihre Gesichter träfe; das durfte sie nicht, weil ihre Haut austrocknen würde und sie nicht frisch und schön wären.

Noch hatten sie den Mann nicht vergessen, noch sprachen sie über seinen Tod, wie sie ihn tot in seinem Zimmer gefunden hätten und siehe da, man hörte den lebendigen Barba-Thomas mit seinem Gemüse. Einige erschraken, die an einen Spuk glaubten, und die Frauen mit der Schminke versteckten sich, damit ihre Lüge nicht herauskäme. «Was, Barba-Thomas, du lebst?» sagte einer. «Was, Barba-Thomas, du lebst?» ein anderer. «Wieso sollte ich nicht leben, esse ich euch euer Brot weg?» sagte Barba-Thomas und wunderte sich, daß alle fragten, ob er lebe: «Also, wenn ich nicht leben würde, würde ich dann mit euch reden? Und wer soll euch euer Gemüse bringen, immer frisch?»

Weihnachten nahte. Die Leute trafen verschiedene Vorbereitungen. Wie arm einer auch sein mochte, für diese Tage fanden sie etwas. Sie schlachteten ein Schwein und tauschten viel untereinander. Mama machte Kurambiedes, die Mandelplätzchen, und Kringel. Sie breitete ein paar Stickereien aus, die sie hatte. Sie wusch die Flickenteppiche, und das Haus bekam ein neues, festliches Aussehen. Wir trugen das Beste, was wir besaßen und gingen in die Kirche. Direkt an der Kirchentüre stand immer der blinde Anagnostis. An jedem Feiertag und jedem Sonntag stand er an der Außentür der Kirche, und am Nachmittag im Park. Er war ein sehr sympathischer Mensch. Obwohl er durch eine Krankheit seit seinem dritten Lebensjahr blind war, war er immer fröhlich. Mit ausgestreckter Hand saß er stundenlang in derselben Stellung. Und wenn sie ihm etwas in die Hand gaben, sagte er: «Vielen Dank, Gott möge

Ihnen helfen!» Er hatte eine erstaunliche Wahrnehmungsgabe; an der Stimme erkannte er jeden und an der Berührung alles übrige. Manche trieben ihre Scherze mit ihm. Sie verstellten ihre Stimme höher oder tiefer und fragten, wer sie seien. Und er wußte es trotzdem. Seine Mutter, eine schmächtige Alte, brachte ihn dorthin, wo er wollte, und abends kam sie wieder und brachte ihn zurück.

An den Feiertagen versammelten sich die Verwandten, und wir Kleinen mußten ihnen allen die Hände küssen. Als die Reihe an meinen Onkel kam, der große und dicke Hände hatte, dachte ich immer nur daran, wie er den Toten mit seinen kräftigen Armen packte, umzog und für die Totenmesse wusch; allein der Gedanke daran ließ mich erschaudern.

Im übrigen legten sie großen Wert auf den Podariko* -Brauch zu Neujahr. Angeblich hing davon der Gewinn, die gute Ernte, die Gesundheit und alles übrige ab. Gewöhnlich kam eine Mitschülerin von mir aus der Nachbarschaft zu uns, die Sula des Damianos, die Tochter des Fotografen. Da sie einmal zufällig gekommen war und die Ernte gut ausgefallen war, riefen sie sie zu jedem Neujahr, um mit ihrem Eintreten den Podariko zu erfüllen. Mama hatte Süßigkeiten fertiggemacht und eine Münze und gab sie ihr für ein gutes Neues Jahr.

---

* Hierbei läßt man jemanden, der immer viel Glück hat, als ersten das Haus betreten, damit das ganze Jahr glücklich verläuft.

7

Was heute der Automarkt ist, war damals der Eselmarkt. Alle brachten ihr Vieh zum Verkauf dorthin oder gingen hin, um ein Tier zu kaufen. An jenem Tag nahm mein Vater das Pferd, einige Ferkel und ging dorthin. Ich ging auch, um den Markt nicht zu verpassen. Es gab viele betrügerische Viehhändler. Sie kauften die Tiere billig, wenn du darauf angewiesen warst und sie hergabst. Und sie verkauften sie später, für soviel sie wollten. Eine Menschenansammlung, viele Tiere, das Handeln begann. – «Für wieviel gibst du es her?» Sie hoben das Ferkel an den Füßen hoch, schwenkten es, um zu sehen, ob es schwer genug ist, es schrie und quiekte, bis sie es hinunterließen. «Du verlangst zuviel dafür.» Sie begutachteten seine Zähne. Sie begutachteten das Euter der Kuh, die Hufe des Pferdes. Die Hühner gackerten. Jeder pries sein Tier an. Einer kam vorbei und rief: «Sa-Sa-Samali, Sü-Sü-Süßes!» Oder: «Se-Se-Sesamkri-kri-kringel!» Der Ärmste stotterte, und bis er das ausgesprochen hatte, hatte ich schon ein paar Mal hinuntergeschluckt. An jenem Tag wurde das Pferd nicht verkauft, nur zwei Ferkel.

Wir kehrten nach Hause zurück und Vater verschwand ins Kafenio. Wir warteten die ganze Nacht, aber er erschien nicht, und wir wurden unruhig. «Ach», sagte meine Mama, «er wird wieder alles fürs Trinken ausgeben. In der letzten Zeit trinkt er häufiger.»

Bei Morgengrauen hörten wir von weitem seine Stimme: «Aua, wieso schlagt ihr mich? Was habe ich euch getan, daß ihr mich schlagt? Laßt meine Jacke los!» Danach Stille. Wir bekamen Angst. Mama rennt zu ihrem Schwager: «Steh auf, Stamatis!» sagt sie zu ihm. «Ich habe die Stimme von Thanassis gehört, wie er um Hilfe rief; es sind schon so viele Stunden, und er ist noch nicht zurückgekommen. Sicher ist etwas passiert.» Sie brachen auf, zusammen mit meinem Onkel, um zu sehen, was passiert war. Es war noch dunkel draußen und sie ließen mich alleine; die Stimme meines Vaters klang noch in meinen Ohren und ich begann zu bibbern. Ich verschließe die Tür von innen, aber der Riegel war groß und schwer und ich konnte ihn nicht vorschieben. Ich verkroch mich unter der Decke und wartete, was geschehen würde. Es wurde hell und sie erschienen immer noch nicht.

Bald darauf kam Mama. «Sie haben ihn auf's Revier mitgenommen», sagte sie zu mir. «Er war betrunken und sie haben ihn geprügelt, um sein Geld zu nehmen. Sie hatten ihn auf dem Markt gesehen; sie glaubten, er hätte sein Pferd verkauft; weil er sie erkannte, haben sie ihm Steine an den Kopf geworfen. Später fanden sie seine Jacke ein Stück weiter weg hingeworfen.» Den nächsten Tag hielten sie ihn auf dem Revier zur Ausnüchterung fest, und auch, damit er ihnen sagte, wer ihn geschlagen hatte, um sie zu verklagen. Mein Vater wollte sie nicht anzeigen, und sie ließen ihn frei.

Er kam nach Hause, nicht wiederzuerkennen. Die rechte Seite des Kopfes war geschwollen, er hatte mehrere

Fäden, alles war blau, und sein Ohr blutete noch. Ich ging zu ihm und setzte mich an die Seite, die verwundet war; ich betrachtete ihn und erschrak. Er nahm mich in seine Arme, dann stellte er mich nach links, damit ich es nicht sehe, und sagte mir: «In ein paar Tagen geht das alles weg.» Er war hart, er fürchtete sich vor nichts, und innerhalb weniger Tage schlossen sich die Wunden.

Eines Morgens erwachte ich halb erstickt vor Husten. Immer wenn ich reden wollte, hustete ich. Meine Tante Maritsa war wie ein Arzt für die Kinder: «Oh je, Dimitria, es ist Keuchhusten.» – «Und was machen wir jetzt?» – «Du gibst ihr Eselsmilch zu trinken, das ist genau das Richtige bei Keuchhusten.» – «Und wo sollen wir welche finden, Maritsa?» – «Ich schicke die Kinder auf den Eselmarkt, sie werden schon irgendeine Eselin zum Melken finden.»

Sie schickte ihre beiden Jungen mit einer Milchkanne los; sie suchen eine Eselin. «Da ist eine», ruft der Kleine und läuft los. «Mann, der ist männlich, siehst du das nicht?» sagt der Große. Sie laufen zu einer anderen, sie trat um sich und sie schafften es nicht, sie zu melken. «Halt sie fest an den Ohren», rief der eine. «Nein, an den Füßen», rief der andere. Endlich war die Kanne voll und sie brachten sie.

Ich sehe Milch, woher soll ich wissen, woher sie sie gebracht haben, sie schmeckt mir. Ich hatte gerade getrunken, da begannen sie zu lachen: «Damit du weißt, was für Milch du getrunken hast, vom Esel war sie.» Und ich weinte. Meine Tante ergriff den Besenstiel und sie machten sich davon.

Mein Papa fühlte sich schwindelig von den Treffern, die er am Kopf abgekriegt hatte. «Blutegel», sagte Tante Maritsa, «sind gut; legt sie ihm auf den Nacken. Sie saugen das verletzte Blut, und dann vergeht sein Schwindelgefühl.» Sie brachten die Blutegel, Papa legte sich hin, sie legten sie ihm auf den Nacken, sie begannen zu saugen und schwollen immer mehr an, bis sie vollgesogen waren; sie platzten und fielen von alleine tot herunter. Das war es, Papas Schwindelgefühl war verschwunden.

Es war nicht viel Zeit vergangen, da tritt Papa in den Stall, und was muß er da sehen. Das Pferd hatte sich zwei Füße gebrochen. Man verdächtigte jene, die ihn an jenem Abend geschlagen hatten. Wie weit geht die Boshaftigkeit des Menschen? Was konnte das Tier dafür?

Weil es nicht heilte, brachten sie es weit weg in die Felder und erschossen es. Ohne Pferd gab es keine Arbeit, wie sollten sie auf die Felder gehen? Das war der Grund, aus dem das erste Feld verkauft wurde.

Papa nimmt das Geld und bricht nach Thessaloniki auf, um zwei Pferde und einige Zuchtkühe zu kaufen. «Das Geschäft wird wieder laufen», sagt er im Weggehen. «Ich komme bald wieder, höchstens in einer Woche.» Aber er ließ sich nicht blicken. Die erste Woche verging und drei weitere, und als das Geld zu Ende war, das er verschwendet hatte, kehrte er mit nur einem Pferd zurück. Kaum hatte ihn sein Bruder gesehen, wurde er wütend: «Wo treibst du dich solange herum, du Saukerl? Mit soviel Geld, das du hattest, bringst du nur ein Pferd?» – «Was soll ich machen, Bruder? Ich habe mich mitreißen lassen. Und dann denke ich mir, wofür sind wir bloß auf dieser Welt, auf die wir gekommen sind? Verlogene Welt. Wenn wir nicht essen, nicht trinken, uns nicht vergnügen, was sollen wir dann mit dem Leben anfangen? Leben wir vielleicht ewig? Zwei Quadratmeter Boden brauchen wir.» – «Was erzählst du da, wer hat dir das Gehirn gewaschen, da wo du warst?» – «Was ich sage? Die Wahrheit sage ich. Du, Stamatis, müßtest das verstehen, wo du zweimal die Woche auf Beerdigungen gehst. Was nehmen diese Menschen denn mit sich, wenn sie tot sind. Hast du nicht dasselbe gesagt, über den Totengräber, der den Barba-Jorgos ausgegraben hat, um ihm die neuen Schuhe zu nehmen, damit sie nicht auch von der Erde verschluckt werden? Und er hatte sie gerade ausgezogen, da schien es ihm, als hätten sich die Füße des Toten ein wenig nach außen geneigt. Und der Totengräber nahm die Beine in die Hand. Aus Angst rannte er, als sei der Leibhaftige selber hinter ihm her.» – «Ist ja gut, du Spinner. Was hast du mit soviel Geld gemacht?» – «Welchen Wert hat Geld, mein Bruder? Ich weiß auch nicht, wo es geblieben ist. Weil ich in der Stadt niemanden kannte und mich auch niemand kannte, ging ich abends aus, um durch die schönen Läden zu bummeln, um auszukundschaften, wo die Halunken sind, die Kühe verkaufen. Nahebei sah ich ein hellerleuchtetes Schild, und ich ging dorthin, um zu sehen, was es ist. Man hörte die Musik bis draußen, und du weißt ja, wenn ich Musik höre, tanzen meine Füße, ob ich will oder nicht. Es wurde außerdem ein Karsilama-Tanz gespielt, und ich stieg tanzend die Treppe hinab. Ich gab mir einen Ruck und war drinnen. Dort war auch eine Schönheit!

Sie tanzte sehr anmutig und warf ihr Kleid in die Höhe. Nun, ich kam auch in Stimmung, ich hole das Bündel Geld heraus und werfe etwas zu den Musikern. Die ganze Nacht spielten sie für mich, und diese Durchtriebene wich nicht von meiner Seite. Wir leerten unsere Gläser und tanzten; Prost Thanassis, rief sie, lange sollst du leben. Die Armut soll draußen bleiben, das hier heißt Leben.» – «Du Nichtsnutz, schrei nicht, deine Frau wird dich hören.» – «Du pennst, Bruder, du weißt nicht zu leben. Du kennst nur deine Maritsa und kannst die Toten beerdigen. Ach, wieso habe ich keinen Sack voll Geld, um auch zu leben wie die Beys und Paschas. Damit ich auch viele Haremsdamen habe, die für mich Tsifteteli tanzen und Karsilama, und ich sagen kann: Komm zu mir, mein Leben.» Das sagte er, als sei es ein Witz, und lachte, bis sein Bruder ihn anbrüllte. Er kam wieder zu sich, und er wurde ernst. «Du Glückloser, Schwätzer. Du, ich zeige dir, was für ein Bey oder Pascha du gerne wärst. Die Paschas konnten einen ganzen Harem voller Frauen ernähren. Und was machst du? Du kannst nicht einmal deine Frau ernähren, wolltest du noch eine? Du, ich werde dich mit meinen eigenen Händen begraben, wenn du das wieder tust. Und wo sind die Kühe? Die Kühe, die du bringen wolltest? Hat die die Haremsdame verspeist? Du, du wirst kein Glück und keinen Erfolg mehr sehen mit deinem Spatzenhirn.»

Es verging kein Monat und siehe, ein Besuch aus Thessaloniki. Dieses Mal kam eine fein gekleidete Frau mit Hut. «Wohnt hier Thanassis?» fragte sie mich im Hof. «Ja», sagte ich ihr, «ich bin seine Tochter.» – «Ach, ja, er hat mir von dir erzählt.» – «Und du, wer bist du?» – «Ich? Ich bin eine Bekannte aus Thessaloniki.» – «Aha, verstehe, und was willst du von ihm?» – «Ich bin gekommen, um ihn zu sehen. Er sagte, er würde mir schreiben, aber er hat mir nicht geschrieben.» – «Was soll er dir schreiben, wo er doch nicht lesen kann. Ihm ist ja nicht einmal für eine Briefmarke Geld geblieben», sagte ich. Sie lachte über den Scherz. Aber ich meinte es ernst und es scheint, als hätte sie verstanden, da sie es selbst verbraucht hatte; sie wurde auch ernst. «Wer ist da, meine Tochter?» rief Mama von drinnen, die am Kamin die Grießsuppe rührte, damit sie nicht überlief. «Nichts, Mama, eine Fremde fragte etwas und ging.» Als Papa nach Hause zurückkehrte, sagte er nichts. War sie ins Kafenio gegangen, um ihn dort zu suchen? Oder war sie nicht gegangen? Kein Wort von ihm. Kein Wort von mir.

Wie wir alle wissen, heirateten in jenen Jahren die meisten durch Heiratsvermittlung. Wenn du einen kanntest, kannte der eine andere. Es wurde beredet, ob sie in verschiedenen Punkten zueinander paßten, also im Alter, und vor allem, ob die Braut eine Mitgift hatte, das zählte am meisten. Also, wenn das Mädchen nichts hatte, war sie dazu verdammt, eine alte Jungfer zu bleiben. Damals ging die Heiratsvermittlerin des Bräutigams zur Braut ins Haus. So war es auch bei einer Bekannten meiner Mama. Die Heiratsvermittlerin ging zur Braut ins Haus: «Ich bringe euch Neuigkeiten.» – «Laß sie uns hören, Kyra-Despina. Mögen deine Neuigkeiten Glück bringen.» – «Ich bringe euch eine Heiratsvermittlung für eure Tochter, da gehen euch die Augen über. Ich komme von Periklis, der um eure Tochter anhält.» – «Welcher Periklis?» – «Der Wagenbauer, der seinen Laden gegenüber dem Park hat. Er baut die größten Karren.» – «Ach, ja jetzt habe ich verstanden. Und was fordert er?» – «Oh, nicht so viel. Das Tabakfeld und das Feld mit den Apfelbäumen.» – «Und», sagt der Vater, «was bleibt mir, wenn ich dem anderen Mädchen auch so viel gebe? Dann muß ich betteln gehen.» – «Ja, aber was für ein Kerl ist er, Barba-Mitsos: Und bedenke, deine Tochter hat die fünfunddreißig hinter sich und bald bleibt ihr auf ihr sitzen.»

Die Braut fragten sie überhaupt nicht. «Also, auf ein gutes Gelingen!» Danach kommt der Bräutigam mit der Heiratsvermittlerin. Sie tranken auf das Gelingen, stießen mit ihren Gläsern an, stießen die Köpfe des jungen Brautpaares leicht aneinander und wünschten ihnen eine gute Ehe. Sie legten den Hochzeitstag fest. Das Brautkleid wurde fertiggestellt. Sie schickten einige Kinder, um alle einzuladen. Auch die Familie des Bräutigams bereitete sich vor. Alles war fertig. Es waren nur noch zwei Tage bis zur Hochzeit. Der Bräutigam geht in das Haus der Braut und sagt zum Schwiegervater: «Weißt du, ich hatte vergessen, es dir zu sagen, ich will auch eine Kuh.» – «Was sagst du, Schwiegersohn, wo soll ich denn jetzt im letzten Moment diese Kuh auftreiben?» – «Nein, ich will sie, sonst gibt es keine Hochzeit.» – «Dir werde ich es zeigen!» sagt Barba-Mitsos zu sich selbst. Er kauft die Kuh.

Am Sonntag ist alles fertig. Der Bräutigam geht festlich gekleidet in die Kirche, die Gäste kommen auch und warten darauf, daß die Braut kommt. Aber Barba-Mitsos hatte sich sehr geärgert; er schließt seine Tochter in ein Zimmer ein, nimmt den Schleier des Mädchens, zieht ihn der Kuh über, schmückt sie wie eine Braut und bringt sie in die Kirche, vor den überraschten Augen aller. «Ich habe dir die Kuh gebracht, die du wolltest», sagt er zum Bräutigam. «Denn du wolltest keine Frau, du wolltest ein Tier, also heirate die Kuh. Meine Tochter wirst du niemals zu sehen bekommen.»

Die Hochzeitsgesellschaft löste sich auf; es wurde viel getuschelt, die Gäste verzogen sich. Und Periklis ging zu anderen, um sich eine Frau suchen zu lassen. Aber die Tochter von Barba-Mitsos blieb eine alte Jungfer.

8

Die Schulen hatten geschlossen. Es war wieder Sommer und meine Eltern waren oft auf den Feldern.

Ich war damals elf und verbrachte die Tage im Haus nebenan bei meiner Tante Maritsa, um nicht den ganzen Tag alleine zu sein. Ich hatte immer meinen treuen Gefährten Asor bei mir, meinen geliebten Hund. Meine Stoffpuppe war alt geworden und ich war zu groß, um mit Puppen zu spielen. Ich versteckte sie unter meiner Matratze, weil sie sie wegwerfen wollten. Wenn ich alleine war und die Erinnerungen an meine Familie mich überwältigten, holte ich sie hervor, streichelte ihren Stoff, ein Rest eines alten Kleides meiner leiblichen Mutter, und sprach mit ihr: «Wieso siehst du mich so traurig an? Weil wir beide uns ähneln. Ich lieb dich und du liebst mich, wir werden sie finden, unsere Familie, ich verspreche es dir. Also lache, wie auch ich lache. Wir werden sie finden, sei fröhlich...»

Oft wurde ich von einer plötzlichen Furcht gepackt. Ich wußte selber nicht, wovor ich mich fürchtete. Vielleicht fürchtete ich meinen Vater, wenn er trank und betrunken nach Hause kam. Vielleicht befürchtete ich, sie würden mich einem anderen geben, sie würden mich nicht zurücknehmen, ich fürchtete auch die quälenden Träume, immer diese zwei Hände, die mich aus den Armen meiner Mutter reißen.

Nebenan, bei meiner Tante Maritsa, fädelten wir jeden Tag Tabak auf. In Katerini bauten sie viel an. Auch ich saß dort, um die Zeit zu verbringen und half ihnen beim Auffädeln. Neben mir saß immer Asor und ruhte sich aus. Wir hatten spitze Nadeln und durchbohrten vorsichtig die Tabakblätter, um uns nicht in die Finger zu stechen und uns zu verletzen. Wir zogen sie schnell auf, wer der schnellste wäre. «Ich habe zehn Nadeln, du sieben. Ich war schneller», übertrumpften wir Cousinen und Cousins uns. Die Mittagszeit näherte sich, Asor schlief neben mir. Plötzlich kommt ein Nachbar (der, dessen Tochter ich ins Haus eingeschlossen und den Schlüssel weggeschmissen hatte).

Als er Guten Tag sagte, schreckte Asor hoch, er erhebt sich jäh und will bellen. Und so wie die leeren Nadeln neben mir lagen, stach ihm eine ins Herz. Mein Gott!! Diesen Moment werde ich nicht vergessen. Seine schmerzerfüllte Stimme machte mir angst. Ich drehe mich um. Ich fasse die Nadel, ich ziehe sie heraus, aber das Unheil war geschehen. Er rannte wie gejagt, weinend wie ein Mensch. Er machte vor der Türe unseres Hauses halt und starb.

«Asor, Asor, was ist los mit dir? Wen habe ich jetzt als Begleitung? Mein teurer Gefährte.» Ich weinte, ich weinte bis zum Abend, als meine Eltern vom Feld zurückkehrten. Sobald ich sie sah, rannte ich bis zum Holztor. Sie erschraken. Papa hält das Pferd an, springt vom Karren, und beide rennen zu mir.

«Was ist passiert? Wieso weinst du?» Ich bekam kein Wort über die Lippen, bis mein Papa böse wurde. «Wirst du uns wohl sagen, was du hast, Mädchen.» Ich zitterte vor lauter Schluchzern, ich sage: «Asor!» Er lag noch immer vor der Tür. «Und deshalb heulst du? Ich werde dir morgen einen anderen Hund besorgen.» – «Ich will keinen anderen, ich will diesen.»

Am nächsten Tag rufe ich meine Freundinnen, grabe ein Loch in eine Ecke des Hofes, und wir begraben ihn alle gemeinsam. «Koch uns Weizen», sage ich zu meiner Mutter. «Ich will Kolyva* .» – «Mein Kind, für Tiere macht man keine Kolyva, die Leute werden uns auslachen.» – «Die Leute sind mir egal, ich will Kolyva.» Mama war sehr lieb, sie lehnte meinen Wunsch nicht ab. Sie kochte Kolyva und ich aß mit meinen Freundinnen.

Nach einem Monat war ich getröstet, als ich Papa mit einem Hündchen im Arm nachhause kommen sah: «Siehst du, meine Tochter, was ich dir versprochen hatte.» Ich nannte ihn Asor, weil er mich an den erinnerte, den ich verloren hatte. So war auch er gekommen, klein, schwach, mit seinem weichen Fell.

Mein Vater beschäftigte sich mit den Gärten. Er holte die dicken Wassermelonen aus dem Feld und brachte sie manchmal auf den Markt und manchmal auf einen Jahrmarkt, um sie zu verkaufen. Ich begleitete ihn dabei. Ich saß im Schatten des Karrens und besah mir die Leute, die auf dem Jahrmarkt kamen und gingen. Papa hatte eine Laufgewichtswaage, eine von diesen alten Waagen, die bis hundert Okka wiegt. Die Melonen legte er in die runde

---

* Totenspeise bestehend aus gekochtem Weizen, Mandeln, Zucker, Zimt, Granatapfelkernen und Zuckermandeln.

Waagschale und was sie nicht faßte, schnürte er zusammen und hängte es an den Haken unter der Waage.

Was war bloß in ihn gefahren, mich plötzlich mitten auf dem Jahrmarkt zu wiegen? «Komm», sagte er zu mir, «du Knochengerüst, mal sehen, wieviel Okka du machst.» Ich schämte mich vor den Leuten, die zuschauten, ich mochte nicht. Er ergreift mich, bindet mir ein Seil um den Bauch, macht es am Haken fest und hebt mich hoch, als würde er ein Ferkel wiegen. Meine Hände und Füße hängen in der Luft und der Rücken am Haken. Er läßt mich herunter und befreit mich. «Bravo!» sagt er mir scherzhaft auf türkisch. «Ich biete ein Mädchen zu zwanzig Okka, wer kauft es?»

«Papa, ich will Zuckerwatte.» – «Los, nimm diese Drachme und lauf. Und verlier den Rest nicht.» Ich laufe auf den Jahrmarkt, treibe mich herum und kaufe die Zuckerwatte. Ich sehe eine Tribüne, wo eine Sängerin sang, ein Tamburin schlug und dazu tanzte. Dort waren viele Leute versammelt und sahen ihr zu. Ich sah ihr auch zu und erkannte sie.

Es war eine Nichte meines Vaters, die sie gesucht hatten, um sie zurechtzuweisen, weil sie Schande über die Familie gebracht hatte, indem sie Sängerin wurde, so wurde zu Hause erzählt. Ich verdecke mein Gesicht mit der Zuckerwatte, damit sie mich nicht erkennt; ich betrachtete sie von der Seite und bewunderte sie. Was für anmutige Bewegungen! Wie schön sie das Tamburin schlägt! Ich sah zu, ich vergaß alles um mich und vor Hitze klebt die Zuckerwatte in meinem Haar. Ganz verschmiert kehrte ich zu den Melonen zurück. «Was hast du denn angestellt, Mädchen? Lauf und wasch dich am Brunnen!»

Wir kehrten nach Hause zurück und ich erzähle Mama von der Nichte, die ich gesehen habe. «Oh, ein Glück, daß du ihm das nicht erzählt hast, er wäre vielleicht hingegangen, um sie zu schlagen und wir hätten uns blamiert.»

Einige Nachbarinnen hatten sich an jenem Abend feingemacht, um in ein ländliches Lokal zu gehen und auswärts eine Sängerin aus Athen zu bewundern. «Los, Dimitria, geh'n wir», sagen sie ihr.

Papa war außer Haus, und wir gingen gemeinsam. Nur Frauen und Kinder. Wir erreichen das Lokal. Die Tische sind voll. Die Tanzfläche war in der Mitte und die Sängerin sang ihre schönen Lieder. Die laute Musik betäubte uns, aber draußen verlor sie sich in der Luft. Unsere Gesichter hingen am Drahtzaun, der rundherum aufgehängt war, und sie ließen keine Lust aufkommen, zu gehen. Laß uns noch eins hören, dieses Lied ist doch schön. Sieh wie anmutig sie sich bewegt! So verflogen die Stunden.

Uns schreckten einige Teller hoch, die jemand aus Übermut zerschmiß. «Sag mal, Eleni, ähnelt der, der die Teller kaputtmacht, nicht deinem Papa?» Ich sehe genau hin: «Was heißt hier ähneln, Mama, er ist es.» – «Oh Gott, laß uns gehen», sagt sie zu mir. «Er trinkt heute abend schon wieder. Geh'n wir, bevor er zurückkehrt und uns nicht im Haus findet.»

Denn so war das damals. Der Mann konnte gehen, wohin es ihn beliebte, er konnte sich vergnügen und alle seine

Habe ausgeben. Dagegen wagte die Frau nicht einmal zu fragen, wo er gewesen war.

Er nahm das Geld von den Melonen, die er verkauft hatte, gab etwas Haushaltsgeld und den Rest verschwendete er, wie es ihm paßte. Es kümmerte ihn nicht, daß er für das Geld, das er heute abend für sein Vergnügen ausgab, Monate hatte arbeiten müssen, um es zu verdienen. Und mit ihm arbeitete auch Dimitria, aber sie hatte nicht das Anrecht, etwas auszugeben, oder nur wenig, um sich zu amüsieren. «Geh'n wir, meine Tochter.» Meine Mutter zieht mich; wir gehen. Wir kamen gerade zu Hause an, als wir ein Geschrei in der Dunkelheit hören

Die Hühner gackerten, die Enten schnatterten, der Hund bellt. Was ist hier los? Wir zünden die Lampe am Docht an, ich halte sie, sie leuchtet und wir gehen zu den Tieren. Was müssen wir sehen! Die Schweine haben die Türe geöffnet und eines war in den Hühnerstall eingedrungen, hatte einige Hühner gefressen, einige zertrampelt und die restlichen verschreckten waren hoch hinaufgeklettert und gackerten. Das Schwein hielt noch ein Huhn in seinem Maul und dieses gackerte verzweifelt. Mama gibt ihm ein paar über, nimmt das Huhn aus seinem Maul, aber es war in einem elenden und bedauerlichen Zustand. Mama tötete es und kochte es am nächsten Tag.

Wir warteten an jenem Abend, daß Papa zurückkäme, aber es war nirgends etwas von ihm zu hören. Einige Tage verstrichen und wir begannen uns Sorgen zu machen. Wir wußten nicht, wo wir noch fragen sollten, ob ihn jemand gesehen hätte, weil das letzte Mal, als wir ihn gesehen hatten, im Lokal gewesen war. Schließlich ging ich mit Mama dorthin und wir fragten. «Ach, den Thanassis wollt ihr? Der ist mit der Sängerin in eine andere Stadt», sagte der Lokalbesitzer zu uns. Wir erfuhren noch, daß er in den letzten Abenden ein Feld an jemanden verkauft hatte und einen Vorschuß erhalten hatte. Meine Mutter fühlte sich in diesem Moment, als hätte man ihr ein Glas bittere Medizin gegeben und wir gingen traurig weg. «Papa kehrt erst zurück, wenn sein Geld aufgebraucht ist», sagt sie zu mir und ihre Augen füllen sich mit Tränen.

Das machte er oft, wenn er sich vergnügte. Er vergaß alles, Familie, Arbeit, Mühen, und er wollte von niemandem gestört werden. Er würde erst dann wiederkommen, wenn er von alldem genug hatte und kein Geld mehr da war. Dann machte er sich mit neuem Schwung an die Arbeit und bestellte seine Felder mit Schweiß und Beharrlichkeit.

Nach drei Tagen kam er zurück. Mama bereitete die Blechwanne, um ihm beim Waschen zu helfen, er fragte uns, wie es uns ergangen sei. Aber wir wagten nicht, ihn zu fragen, wie es ihm ergangen sei. Und wir erzählten ihm unsere wenigen Neuigkeiten, über das Schwein, daß die Hühner gefressen hatte. Über das Schwein war Papa wütend. «Dimitria, welches war dieses verfluchte Schwein, das die Hühner gefressen hat?» – «Dieses, Thanassis», und sie zeigte mit dem Finger darauf. «Du hast die Hühner und die Enten gefressen und wir werden dich dafür essen.» Er geht hinein, nimmt sein großes Messer und lehnt es an den großen Stein. Danach bereitet er die Stelle vor, um es zu schlachten. «Was tust du, Thanassis, du könntest es doch nicht alleine schlachten, warte, ich rufe deinen Bruder, damit er dir hilft.» – «Nein, ruf ihn nicht, das schaffe ich alleine.» Er hatte keine Lust auf seinen Bruder, weil der wieder auf ihn schimpfen würde, da er so viele Tage verschwunden war. Er geht in den Stall und holt das Schwein heraus. Als würde es einsehen, was es Böses getan hat und ahnen, was es erwartete, fing es laut an zu quieken. Alle Kranken erschienen in den Fenstern und sahen neugierig auf unseren Hof. Mit einem Sprung drückt er das Schwein auf den Boden und hält es mit seinen Knien fest. «Komm, Dimitria, bring das Messer her.» Mein Herz klopfte noch stärker als das des Schweines. «Nicht, Papa, hab Mitleid, es wird keine Hühner mehr fressen.» Niemand hörte mich. Die Schreie des Schweines übertönten meine Stimme. Er begann, den Hals aufzuschneiden, aber das Schwein war groß und kräftig, es bäumt sich plötzlich auf, mein Vater rutscht aus, und alles war voller Blut. Das Schwein versuchte mit halb durchschnittenem Hals zu fliehen, aber die Hinterfüße waren zusammengebunden und es kam nicht weit. Ich rannte hinein, um nichts mehr zu sehen, ich hatte mich erschreckt, als ich es so laufen sah. Als ich wieder hinausging, nach einiger Zeit, sah ich in einer Schüssel viele Fleischstücke. Die Hälfte pökelten sie ein, damit es sich eine Zeit hielt, und die andere Hälfte gaben sie einigen Bekannten, die es brauchten.

Er war sehr großzügig, mein Vater. Er war voll Mitgefühl, er half, er war gutherzig und liebte uns, er schimpfte mit uns, alles tat er. Nur, daß er die schlechte

Angewohnheit hatte zu trinken. Und wenn er trank, bewirtete er das ganze Kafenio. Das machte uns oft Sorgen. Wenn er abends spät nach Hause kam, wußten wir, daß er sich wieder besoffen hatte. Er kam bei Morgengrauen und sang anatolische und Rembetikalieder und die Gegend hallte wider. Es kümmerte ihn nicht, ob er die Nachbarschaft weckte, oder ob er die Kranken störte. «RUHE, KRANKENHAUS» stand auf dem Schild. Zum Glück ärgerte sich niemand über ihn. Er war beliebt. Sie wußten, daß er immer gerannt käme, wann immer sie ihn brauchten.

Wenn er wieder nüchtern war, war es, als sei er ein anderer. Er nahm micht in die Arme und sagte: «Hat dein böser Vater dich wieder erschreckt? Ich werde nicht mehr trinken.» Es vergingen ein paar Tage und wieder die alte Leier.

Auf der Straße kamen eine ganze Reihe Hausierer vorbei, Geldeintreiber, Händler und der Eisverkäufer, zu dem ich jedes Mal mit einem Ei lief und ein Tauschgeschäft machte. Ich gab das Ei und bekam Eis. Ich gab Eier und bekam einen Bleistift, ein Schreibheft. Ware gegen Ware. Es gab auch einige selbstgemachte Schaukeln. Die hatte einer in seinem Hof angebracht. Wir liefen wieder mit Eiern los. Wurde Karagöz in einer Scheune im Viertel gespielt? Wieder liefen wir mit Eiern hin. Die Hühner kamen nicht nach mit dem Legen. Die Eier waren im voraus vergeben. Auch ein Zigeuner mit einem weißen Tanzbären zog vorüber. Der Bärenmann schlug auf das Tamburin und sang und der Bär erhob sich auf seine beiden Hinterbeine und tanzte.

Es war eine andere Zeit damals, wir lebten ohne Ansprüche...

9

Die Schule hatte wieder begonnen. Es war im Herbst 1949. Ich ging jetzt in die letzte Klasse der Grundschule. Mein Papa brachte mir eines Tages einen Mantel von der UNRA, einer amerikanischen Organisation, die umsonst Nahrungsmittel und Kleidung schickte. Viele der Verantwortlichen hielten die guten Sachen zurück und verkauften sie später. Der Mantel stand mir gut, ich strickte mir außerdem noch einen Schal aus verschiedenen übriggebliebenen Wollresten, die ich fand, und dazu noch mit der alten Tasche ging ich in die Schule. Sie verteilten uns jeden Tag je eine Tablette zur Stärkung, die an Lebertran erinnerte.

Ich war in die Höhe geschossen und weil ich groß war und in der letzten Bank saß, beobachtete ich alle Kinder vor mir. Ich sah jeden Streich von ihnen und amüsierte mich. Ich war im Schulchor, ich nahm an allen Veranstaltungen teil, wie der Lehrer sagte. Ich war gut in der Rezitation und er versäumte es nicht, mir auch ein Gedicht zu geben. Ich wußte, daß keine Aussicht bestand, daß jemand von den Meinigen kommen würde, um mich zu hören. Außerdem hatte ich mich schon daran gewöhnt.

Wir bereiteten das Weihnachtsfest der Schule vor. Wir begannen mit den Proben. Zu Hause sage ich am Abend vorher, daß ich am nächsten Tag mein Gedicht aufsagen würde. Ich ziehe mir den blauen Rock und die weiße Bluse an. Meine Mutter wünschte mir, daß alles gut gehen möge, und ich brach, etwas traurig, alleine auf.

Wir gehen hinaus auf die Bühne und der Applaus klang schön in meinen Ohren. Ich frage mich, ob in diesem Moment zwei Hände auch für mich klatschen, während meine Augen jeden Stuhl entlangsuchen, um jemand Bekannten oder einen der Meinigen zu entdecken. Nichts dergleichen. Zu Beginn sangen wir mit dem Chor Weihnachtslieder. Danach begannen die Kinder eines nach dem anderen, ihre Gedichte vorzutragen. Die Reihe kam auch an mich. Ich gehe hinaus, grüße und beginne:

Welch ein Licht, welche Farbe und welche Schönheit,
die der Stern ausstrahlte,
der zur Wiege Christi
die Könige geführt hat.

Die Tür öffnet sich und ich sehe meinen Papa, wie er torkelnd eintritt. Er war wieder betrunken. Oh mein Gott, wieso mußte er so kommen? denke ich. Wäre er bloß besser nicht gekommen. Ich tue so, als sei nichts passiert, und fahre fort:

Wäre ich im Stall ein Strohhalm
ein winziges Teil
als Christus seinen Blick
zur Sonne richtete.

Er schaut auf die Bühne, er sieht mich, er zeigt auf mich. «Meine Tochter», ruft er begeistert. Alle drehen sich um, sie sehen ihn an, sie sehen mich an. Ich schämte mich, und ein Kloß schnürte mir die Kehle zu. Ich schlucke trocken hinunter, ich versuche weiterzureden, ich schaffe es nicht. Ich wollte im Boden versinken. Er glaubte, ich wäre fertig und applaudierte mit aller Kraft. «Meine Tochter lebe hoch», rief er. Ich verabschiede mich und gehe. Hinter der Bühne überfallen mich die Tränen. Wieso mußte er betrunken kommen und uns lächerlich machen? Der Lehrer sieht mich. «War das dein Vater?» – «Ja», sage ich zu ihm. «Komm, wein nicht, beruhig dich, mein Kind. Jetzt verstehe ich, wieso sie nie kommen, um nach dir zu fragen. Aber das hast du gut gemacht, das schaffst du sehr gut allein.» – «Wissen Sie, sie sind nicht gebildet, meine Eltern, deshalb schrecken sie davor zurück, aber sie lieben mich, sie lieben mich sehr.» – «Das weiß ich, das weiß ich doch, und jetzt gehst du wieder mit dem Chor hinaus.»

Ich ging hinaus. Ich sehe ihn, er saß in der ersten Reihe, er hatte einen Stuhl neben den Ehrengästen gefunden und schaute zu. Seine Augen waren glasig vom Raki. Das Fest war zu Ende, ich gehe hinaus zu ihm. «Glückwunsch», sagt er mir und umarmte mich. «Gehen wir, schnell, das Fest ist vorbei», sage ich ihm.

Betrunken wie er war, fiel er sofort in Schlaf. Mama ging, um die Tiere zu füttern und zu pflegen. Ich hole meine versteckte Puppe hinaus und erzählte ihr meinen Kummer. Wenn meine Geschwister hier wären, würde einer kommen, um mich wieder aufzubauen. Wer weiß, wo sie wohl sind.

Ich reiße ein Blatt Papier aus meinem Heft und beginne zu schreiben. «Mir geht es gut, ich habe alles, reichlich zu essen, Kleider, Spielzeug, und sie lieben mich sehr. Aber ihr fehlt mir, ihr fehlt mir sehr. Ich erinnere mich oft an euch und weine. Ich weiß nicht, ob ich euch irgendwann sehen werde. Eleni.» Ich stecke es in einen Umschlag und werfe ihn in den nächsten Briefkasten. Es kümmert mich nicht, daß er weder Adresse noch Briefmarke hat. Vielleicht würde ihn jemand lesen und mich verstehen. Immer wenn ich ihnen schreibe, fühle ich mich erleichtert.

In jenen Jahren wurde mir das zur Gewohnheit. Ich schrieb, ich zerriß den Brief, damit sie ihn nicht fänden. Ich schrieb wieder, ich warf ihn in den Briefkasten der Post ohne Adresse, und in meiner Phantasie erwartete ich eine Antwort.

«Papa, wieso bist du nicht in die Schule gegangen?» fragte ich ihn. «Unsere Jahre, meine Tochter, waren schwere Jahre. Damals mühten sich alle ab, nur um zu überleben. Wir hatten große Schwierigkeiten mit den Türken. Sie schickten mich, um den Koran zu lernen, und ich wollte nicht. Es waren wenige, die mit allem überlebten. Ich stammte aus einer ärmlichen Familie in Smyrna. Danach kam die Vertreibung, wir kamen hierher, wir mußten arbeiten, um zu überleben. Wie sollten wir eine Schule von innen sehen?»

Dasselbe hatte auch meine Adoptivmutter durchgemacht. Bei ihr war es sogar noch schlimmer. Sie wurde mit sieben Monaten adoptiert. Als sie sieben Jahre alt war, starb ihre Mama, die sie großgezogen hatte. Der Adoptivvater heiratete erneut und darüberhinaus wollte die Stiefmutter sie nicht. Sie verschwanden in der Vertreibung. Ein anderes Schiff nahm sie auf, es setzte sie auf Chios ab und die Adoptiveltern siedelten sich in Katerini an. Als damals zwölfjähriges Mädchen blieb sie allein auf Chios, und sie wurde als Hausmädchen in ein Haus aufgenommen.

Sie aber fragte alle, ob vielleicht jemand ihren Adoptivvater gesehen hatte. Nach zwei Jahren erfuhr sie, daß er in Katerini lebte und schrieb ihm einen Brief. In der Zwischenzeit hatte die Stiefmutter zwei Mädchen geboren, und sie brauchten eine Hilfe für ihre Kinder. Sie schickt ihren Mann, den Onkel Jorgos, nach Chios, um sie zu holen. Die andere Familie bat sie, nicht zu gehen. «Nein», sagt sie, «mein Vater braucht mich und ich gehe mit ihm.» Sie geben das Geld für die zwei Jahre, die sie bei ihnen gearbeitet hatte, ihr Vater nimmt es und sie fahren nach Katerini. Dort war es, wo sie viel litt. Sie sah für sie nach den Kindern, arbeitete auf den Feldern, sie machte alle Hausarbeiten und sie wurde immer beschimpft. Sie machte viel durch. Und als sie ihr sagten, daß der kleinere Bruder ihrer Stiefmutter, Thanassis, sie heiraten wollte, sagte sie sofort ja, um ihnen zu entkommen.

Als aber die Jahre vergingen und sie kein Kind bekam, fingen alle an ihr zu sagen: «Kriegst du keine Kinder? Und wieso?» Das traf sie schwer.

Als sie mich aufnahm, füllte sich ihr Leben und sie wollte allen zeigen, was für eine gute Mama sie sei. Und sie war tatsächlich gut. Sie paßte auf mich auf, damit mir nichts passierte, daß ich nicht arbeitete und mich überanstrengte. Die Abende, an denen wir alleine blieben, erzählte sie mir das und lebte auf: «Gut, daß ich dich habe. Wem sonst könnte ich meinen Kummer erzählen.» Sie war eine verschlossene Frau, sie ging nicht viel aus, sie kannte keinen Luxus, ihre Haare waren immer in einem Haarknoten gebunden. Deshalb ging Thanassis manchmal aus. Und Dimitria verzieh ihm das alles, ob sie wollte oder nicht. Sonst hatte sie niemanden für sich, um sie zu unterstützen.

Wie freute sie sich einmal, als sie erfuhr, daß sie einige Cousins und Cousinen in anderen Städten hatte. «Schreib einen Brief, meine Tochter, um ihn abzuschicken.» Sie saß voller Freude vor mir und sagte mir, was ich schreiben solle. Ich schreibe den Brief sorgfältig. «Morgen kaufen wir einen Umschlag, wir schreiben die Adresse und geben ihn auf die Post», sage ich zu ihr. Sie konnte aber nicht warten, bis ich aus der Schule zurückkam. Sie kauft einen Briefumschlag. Sie geht auf die Post. «Was macht eine Briefmarke nach Kosani? Geben sie mir eine.» Sie klebt die Briefmarke auf, wirft ihn in den Briefkasten und kommt. Ich komme aus der Schule zurück: «Mama, hast du einen Umschlag gekauft, damit wir die Adresse schreiben?» – «Einen Umschlag habe ich gekauft, aber was denn für eine Adresse?» fragt meine Mama, die nicht lesen und schreiben konnte. «Gut, an welchen Namen geht es?» – «An meine Cousine Athanassia doch.» – «In Ordnung, du weißt das. Aber wissen die das auf der Post?» – «Ach, recht hast du, was habe ich mich so beeilt, ihn zu schicken? Und jetzt?» – «Jetzt setz dich her und sag es mir noch einmal, damit wir es noch einmal schreiben.»

«Meine liebe Cousine. Ich habe mich sehr gefreut, von dir zu erfahren. Deinen fünf Kindern möge es gut gehen. Aber wie bist du als Witwe, du Ärmste, mit so vielen Kindern zurechtgekommen? Ich habe ein Mädchen. Gott gebe, daß wir uns sehen. Ich umarme dich, deine Cousine Dimitria.»

Die Korrespondenz begann. Es kam ein Brief von Tante Athanassia. Wir antworteten. Meine Mutter freute sich, daß sie nun eine entfernte Cousine gefunden hatte.

Eines Tages kam mein Papa stöhnend aus dem Kafenio: «Dimitria, ich sterbe. Mein Rücken tut weh, meine Beine und mein ganzer Körper.» – «Ich werde dich mit Petroleum einreiben, Thanassis, und morgen geht es dir wieder besser.» – «Wozu willst du mich einreiben. Du sollst mir Schröpfköpfe auflegen, und zwar mit Aderlaß.»

Sie werfen reichlich Holz in den Kamin und bereiten vor ihm die Geräte vor. Sie breiteten einen Flickenteppich und Decken aus. Papa legt sich hin. «Oh je, was habe ich nur gemacht; ich sterbe.» Wenn ihn jemand von draußen hören würde, würde er annehmen, daß wir ihn schlagen. «Die Schröpfköpfe sind fertig.» – «Nimm auch das Rasiermesser, Dimitria, ich will scharfe Schröpfköpfe.» Und die Behandlung begann. Sie ritzte den Rücken mit dem Rasiermesser, setzte den Schröpfkopf auf, er saugte, heiß wie er war, und füllte sich mit Blut. «Uff, schneide», sagte Papa, «habe kein Mitleid mit mir, ein räudiger Hund verreckt nicht.» – «Hör auf, Thanassis, du bist ein guter Mensch.» – «Ja? Gut? Und wenn ich trinke?» – «Auch dann bist du gut.» Und die Schröpfköpfe machten Paff.

«Schneide ihm nicht noch einen, bitte Mama, wo soll soviel Blut herkommen?» Schließlich trocknet sie ihn ab und danach beginnt die Einreibung: Weingeist auf den Rücken, Petroleum auf die Beine. Das ganze Zimmer roch nach verbrannter Watte mit Weingeist, nach Petroleum, und es war drückend heiß.

Auch mein Onkel Stamatis kam, um ihn zu sehen, wie es seine Gewohnheit war. Bei Kranken, Sterbenden und Beerdigungen durfte er nicht fehlen. Er saß bei ihm, um ihm Gesellschaft zu leisten. Ach, ich hatte verstanden, heute abend würden wir wieder eine Vengera machen, wahrscheinlich würde er erst gegen Morgen gehen. «Bruder», sagt ihm mein Vater, «du kannst soviele Nächte an meiner Seite wachen wie du willst, ich sterbe nicht leicht. Was glaubst du, weil die anderen vor Angst krepieren, sobald sie dich sehen, wird mir das auch passieren? Nein, ich bin eine harte Nuß, der Sensenmann fürchtet sich davor, mich zu holen. Und wenn ich mich dort oben betrinke, werde ich ihnen das Leben zur Hölle machen.» – «Ist ja gut, schlaf. Ich bin gekommen, um dir Gesellschaft zu leisten.» Sie redeten und redeten, es wurde Mitternacht, mich übermannte der Schlaf. Plötzlich höre ich einige Schüsse fallen, Piff Paff, Heilige Muttergottes, es ist wieder Krieg. Ich stehe verschreckt auf, kuschele mich zu Mama, dunkel wie es war. «Mama, es ist wieder Krieg. Hör, es fallen Schüsse » – «Krieg?». Mama richtet sich auf, spitzt ihre Ohren und lacht: «Das ist Onkel Stamatis, der auf dem Sofa eingeschlafen ist und schnarcht.» Was für ein seltsamer Schnarchton das war! Aber ich beruhigte mich wieder.

Eines Tages erhalten wir einen Brief von dem einen Sohn meiner Tante Athanassia: «Ich bin Manolis, der dritte Sohn deiner Cousine Athanassia. Ich diene bei der Luftwaffe am Flughafen von Sedes in Thessaloniki und werde nach Larissa versetzt. Ich werde Sonntag mittag mit dem Zug durch Katerini kommen. Wenn ihr wollt, kommt zum Bahnhof, damit wir uns kennenlernen.»

Mama war voller Freude: «Mein Neffe kommt vorbei, wir gehen hin.» Sie bereitete Sesamkringel, Kurambiedes und ein paar Socken vor. Ich lege eine Zeitschrift zurecht: «Das Leben des Kindes», die wir im Katechismusunterricht bekamen. Die Zeitschrift «Romanze», die wir gekauft hatten, befand Papa für ungeeignet, weil er einige Nacktskizzen und ein Foto gesehen hatte, auf dem ein junger Mann ein Mädchen küßte. «Es ist nicht richtig, daß der Junge so etwas liest», sagt er zu mir. «Bring es dorthin zurück, wo du es hergeholt hast.»

Am Sonntag machten wir drei uns fertig, um zum Bahnhof zu gehen. Wir hatten auch das Päckchen für den Soldaten bei uns, und da erschien der Zug auch schon. Ein Zug voll von Soldaten, Fliegern und nur wenigen zivilen Reisenden. Und jetzt sollten wir Manolis finden, unter all den Soldaten, die dieselbe Uniform und dieselbe Mütze trugen. Nicht nur, daß wir ihn gar nicht kannten, wir hatten noch niemals ein Foto von ihm gesehen. Der Zug bleibt stehen, wir suchen von Waggon zu Waggon und rufen:

«Manolis!» Und an jenem Tag waren viele Manolis darunter: «Welchen Manolis wollt ihr?» – «Den Manolis von Athanassia aus Kosani.»

Endlich rief der Manolis, den wir suchten: «Hier!» Er hatte auch gesucht, aber sich nicht getraut, sich vom Zug zu entfernen. Mama umarmte und küßte ihn; sie war ergriffen, weil sie zum ersten Mal einen Verwandten von ihr sah. Wir gaben ihm das Paket und der Zug fuhr bald wieder ab.

Die Schule neigte sich dem Ende zu. Alle Kinder der Klasse bereiteten sich auf das Gymnasium vor. Sie gingen in das Vorgymnasium, so nannte man die Nachhilfeschule damals. Bei mir war weder die Rede vom Vorgymnasium noch vom Gymnasium. «Wieso soll ich nicht aufs Gymnasium gehen, Papa?» – «Was willst du damit, meine Tochter? Du hast lesen und schreiben gelernt, zuviele Bücher verweichlichen das Gehirn. Du wirst ein Handwerk lernen, danach heiratest du und damit hat es sich.» Ich wollte sehr auf das Gymnasium gehen und danach noch weitermachen, um meinen Wissensdurst stillen zu können. Aber das Wort meines Vaters war Befehl.

Ich fragte mich stundenlang: «Eleni, wieso kommt nicht plötzlich deine richtige Mutter, du rennst auf sie zu und rufst sie Mama und fällst in ihre Arme?» Ich stockte. Einmal sagte ich: «Ja, ich werde rennen, ich werde sie abküssen, ich werde ihr so viele Küsse geben, so sehr ich sie entbehrt habe so viele Küsse, und ich werde ihre Arme nicht mehr verlassen.» Und ein andermal sagte ich: «Nein.

Ich liebe auch meine andere Mama, deshalb werde ich sie Tante nennen.

Meine Eltern gingen eines Abends aus, um einen kranken Verwandten von ihnen zu besuchen. Ich blieb alleine zu Hause. Ich erinnerte mich wieder ganz intensiv an meine Familie. Meine Geschwister würden jetzt viel gewachsen sein. Da ich jetzt zwölf war, müßte Athanassia vierzehn, Angeliki siebzehn und mein Bruder zweiundzwanzig sein. Laß mich sie sehen, mein Gott! Ich hebe die Matratze an, hole noch einmal meine Stoffpuppe hervor, rede mit ihr und weine, meine Tränen fielen auf sie. Ich fühle mich einsam und ängstige mich. Ich betrachte die Flammen im Kamin, wie sie verlöschen, und wünsche mir etwas. Laß mich sie finden! Ich nehme meine Puppe in meine Arme, ich schlafe ein und meine Träume tragen mich weit weg, zu ihnen. Meine Mutter Barbara kommt entschlossen heran, sie hält einen Stock in ihrer Hand und ein junger Mann und zwei Mädchen begleiten sie. »Wir sind gekommen, um unsere kleine Eleni zu holen«, sagen sie wie aus einem Mund. Sie nehmen mich bei der Hand. Zum ersten Mal sehe ich, daß Thanassis schweigt; er sieht mich nur schmerzerfüllt an. Und ich sehe Mama Dimitria, wie sie schreit: »Ihr nehmt mir mein ganzes Leben, meine Freude.» Ich drehe mich um, ich sehe sie an, und sie tun mir leid. Ich nehme meine eine Mutter an der einen Hand und die andere an der anderen. «Ich stehe zwischen euch», sage ich ihnen. «Ich kann mich nicht zwischen euch entscheiden. Ich liebe euch beide gleich sehr. Zieht, so fest ihr könnt, zieht darum, wer mich gewinnt. Zieht doch!» Dann folgte ein Kampf.

Vielleicht teilen sie mich in der Mitte durch. Und was sagt mein Herz? Das ist auf der linken Seite, wer wird es bekommen? Ich habe es auch in zwei geteilt. Ich kann es nicht nur einer geben. «Haltet ein, meine lieben Mamas. Ich will nicht viel, nur euch beide will ich!» Aber sie ziehen weiter, und ich breche in ein hektisches Gelächter aus, wie ich sie so verschwitzt sehe: «Meine Lieben, was tut ihr? Ihr reißt mich ja wirklich noch in der Mitte durch. Laßt mich los, damit ich mich selber entscheide.» Ich wende mich zu meiner wirklichen Mutter und sage ihr: «Du hast noch drei Kinder. Dimitria eines. Also geh. Geht, geht alle, ich will niemanden sehen. Ich will nur meine Puppe, nur sie versteht mich.»

Ich erwache schweißgebadet. Neben meinem Kopfkissen liegt noch immer die Stoffpuppe. Sie scheint mich zu beobachten. Ich bekomme Angst, ich kann mein Schluchzen nicht mehr zurückhalten. Im Dämmerlicht erkenne ich meine Eltern, die zurückgekehrt waren und schliefen. Ich laufe hin und kuschele mich an meine Mama.

«Was ist passiert, meine Tochter? Du bist ja schweißgebadet.» – «Der Traum, der schlimme Traum hat mich erschreckt.» Sie bringen wieder ein Stück Brot und ein kleines Messer und legen es unter mein Kopfkissen. «Das vertreibt die bösen Geister, beruhige dich», sagen sie mir.

Die Schultage nähern sich ihrem Ende. Eines Tages sagt der Lehrer: «Wir machen einen Ausflug nach Methoni.» Ich stehe frühmorgens auf. Meine Mama kämmt mir meine beiden dicken Zöpfe. Ich nehme die Bücher aus meiner Tasche und tue etwas Brot und zwei Äpfel hinein. Sie geben mir außerdem Geld für Eis. Wir Kinder versammelten uns alle und brachen auf.

Gelächter, Spaß und Lärm im ganzen Bus. Wir erreichen Methoni. Wie setzen uns am Meer ab und ich bewundere die aufschäumenden Wellen, die seufzend gegen den Strand prallen und sich dort brechen. Baden gegangen sind wir nicht. Wir haben nur unsere Füße ins Wasser getaucht. Wir spielten verschiedene Spiele, besuchten auch das Zeltlager, trafen andere Kinder und machten Gruppenspiele. Sonia war auf ihren großen Hut stolz, den ihr der Wind ab und zu vom Kopf blies, und sie rannte, um ihn einzuholen. Christakis hatte ein Gespräch mit Käti begonnen, und sie versuchte, ihm zu gefallen. Vangelia, meine intelligente, gewitzte Freundin, hörte keinen Moment auf zu reden. Mit ihren scharfen Augen sah sie alles. Niemand entkam ihr. Sie wußte alles über alle.

Die Sonne schien hell und strahlte eine große Hitze aus. Wir liefen unter die Bäume, um uns ein wenig abzukühlen. Das Eis war das Richtige, um uns Kühlung zu verschaffen. Die Zeit zur Rückkehr nahte, und niemand wollte in den Bus einsteigen. Damals waren die Ausflüge spärlich und kurz, deshalb blieb uns dieser Tag unvergeßlich. Ich betrachte all die Kinder und denke: «Sechs ganze Jahre waren wir zusammen wie eine Familie. Wir teilten unsere Freuden, unsere Spielsachen, unsere Streiche. Jetzt würden wir uns in wenigen Tagen trennen. Jeder würde seinen eigenen Weg einschlagen und wir würden uns aus den Augen verlieren», wie es auch geschah.

An einem der letzten Tage des Schuljahres, als wir gerade die Klasse betreten hatten, nähert sich uns der Lehrer, ziemlich bewegt: «Kinder, es tut mir leid, daß ich euch eine tragische Nachricht bringe, aber ich muß es euch mitteilen. Plötzlich und unerwartet ist gestern Christakis, der Sohn des Jordanis, gestorben.» Wir sahen zu seinem Platz, niemand hatte bemerkt, daß er leer war. Wir waren sehr traurig und fragten: «Wie ist das bloß möglich? Vorgestern auf dem Ausflug war er doch noch völlig in Ordnung.» – «Ja, Kinder. Ich habe es auch erst gerade eben erfahren und war überrascht. Deshalb machen wir heute nachmittag keinen Unterricht. Wir treffen uns alle hier, um auf seine Beerdigung zu gehen. Und du», sagt er zu mir, «Eleni, nimm diese kurzen Worte und lerne sie, um sie im Namen der Klasse zu sagen.»

Wir gehen alle weinend auf die Beerdigung. Christakis sah aus, als würde er schlafen. Noch vorgestern auf dem Ausflug trieb er mit den Leuten seine Späße und nachher sprach er lange mit Käti. Wir erreichen den Friedhof. Ein offenes Loch wartete darauf, Christakis zu verschlingen. Sie ließen ihn für den letzten Gruß auf den Boden. Seine Mama wirft sich weinend über ihn: «Mein Junge, mein Einziger.» In jenem Moment flog ein Flugzeug weit oben vorbei. Sein Vater ruft: «Christakis, du wolltest ein Flieger werden. Siehst du, du bist ein Flieger geworden, mein Kind. Jedes Mal, wenn ich ein Flugzeug höre, werde ich sagen: Christakis ist sicher der Pilot.»

Danach wurde es ruhig und ich trage vor: «Die Kinder der vierten Schule legen für dich diesen Kranz nieder und wünschen dir, daß die Erde, die dich bedecken wird, leicht für dich ist. Ewig zu deinem Gedächtnis.» Der Priester singt die letzten Totengesänge und Christakis wird in sein letztes Zuhause hinabgelassen.

Ich erinnerte mich wieder: Die Seelen werden zu Luft, wenn der Körper unter die Erde kommt. Wehe also. Wehe, Luft, jetzt, wo dich eine Kinderseele dabei unterstützt.

Mit dem Abgangszeugnis der Volksschule in der Hand kehre ich nach Hause zurück. Der Lehrer hatte die Kinder, die aufs Gymnasium gehen würden, aufgefordert, ihre Hand zu heben. Ich behielt meine unten. «Mein Kind», sagte er zu mir, «dir fällt das Lernen doch leicht, wieso sollst du benachteiligt sein?» – «Wissen Sie, mein Vater läßt mich nicht.» – «Keine Sorge, ich komme und rede mit ihm.»

Der Lehrer kommt ins Haus. Er redete und redete auf ihn ein, aber mein Vater blieb unbeirrbar. Er war wie immer ein Starrkopf. «Ich will meine Tochter im Haus. Wer weiß, was das Mädchen auf dem Gymnasium anstellt. Beharre nicht darauf, Lehrer, ich schicke sie nicht hin.» – «Jedenfalls tust du dem Mädchen Unrecht, Thanassis. Schicke sie wenigstens in das Zeltlager nach Makrijalos, wo sie doch so schwächlich ist.» – «Ja, dorthin kann ich sie schicken.»

Ich war niedergeschlagen, weil ich nicht aufs Gymnasium gehen würde, aber ich wußte, was auch immer ich sagen würde, es war vergeblich. Wenigstens würde ich ins Zeltlager fahren. Das war wenigstens etwas. Der Einsamkeit im Haus zu entfliehen und mit vielen Kindern zusammen zu sein.

Der Tag für das Zeltlager nahte. Ich bereite am Abend mit meiner Mama eine Tasche mit meiner Kleidung und allem anderen, was ich für den einen Monat brauchte, den ich wegbleiben würde.

Der Wecker hatte noch nicht geläutet, aber ich war schon aufgestanden. Ich kämmte meine Zöpfe, als Mama mich fragte: «Bist du schon fertig? Ich wünsche dir eine schöne Zeit, mein Mädchen, ich werde dich besuchen kommen.» Ich hängte die Tasche über meine Schulter und lief voll Freude los.

Wir kommen in Makrijalos an. Die Zelte waren auf einer Anhöhe, von der man das ganze Meer überblickte. Seine Farben verzauberten mich: Dunkelblau, hellblau, und am Ufer schäumte es weiß auf. Es gab auch viele Fischerboote. Es sah aus wie ein Gemälde. Ich betrachtete es stundenlang und erinnerte mich daran, wie sehr ich mich beim ersten Mal bei seinem Anblick gefürchtet hatte, in dem Boot mit der Kohle. Ich erinnerte mich an meine Mutter, an meine Großmutter und an alle meine Geschwister, als wir alle leicht darüber hinwegzogen. Laß die Zeit acht Jahre zurückdrehen, um jenen glücklichen Moment, wir alle zusammen, noch einmal zu durchleben!

In dem Zeltlager war alles provisorisch und einfach. Ungefähr zwanzig Zelte standen beieinander. Der Eßraum hatte oben ein Dach und war an zwei Seiten offen. Die länglichen Tische bestanden aus Brettern. Jedes Zelt faßte elf Faltbetten, uns zehn Kinder und eine Gruppenleiterin, die uns beaufsichtigte. In der Mitte stand ein Tisch, und unsere Taschen waren unter dem Faltbett.

Morgens wurde zum Aufstehen die Trompete geblasen. Danach versammelten wir uns alle, um die Flagge zu hissen. Das Programm umfaßte ein Morgengetränk, später ein Frühstück und gegen elf gingen wir zum Meer baden. Ich hatte einen zu großen Badeanzug von einer meiner Cousinen und sah ziemlich witzig aus.

Zum Mittagessen und zum Mittagsschlaf kehrten wir zurück. Am Nachmittag gab es einen Imbiß und unbeschwerte Spiele, Lärm und Geschrei bis zum Abendessen. Danach holten wir die Flagge herunter und hörten zum Einschlafen ein Ständchen.

Sonntags hatten wir Besuchszeit. Am ersten Sonntag kam niemand. Aber am zweiten kam meine Mutter mit der Frau von Damianos, dem Fotografen. Sie hatten auch ihre Tochter in dem Zeltlager. Als sie mich sah, küßte sie mich, und ich fragte sie sofort: «Mama, trinkt Papa noch?» – «Nein, mein Kind, er trinkt nicht mehr. Weißt du, wie gut wir die Zeit verbringen?» Ich verstand sofort, daß sie log. Wenn es bloß so wäre, wie sie mir erzählte. Ich fragte sie nach allem: nach Asor, nach unseren Katzen, von denen eine drei kleine Kätzchen geworfen hatte, nach meinen Freundinnen und nach allem, was mir sonst noch in den Sinn kam. Als wäre ich seit Jahren von zu Hause weg. Ich hatte sie alle vermißt: unsere Blumen, die Bäume, sogar das Krankenhaus neben uns.

Es verging wieder eine Woche. Der Sonntag kam, immer wieder erschienen Besucher. Ich erwartete niemanden, nachdem meine Mama am vorigen Sonntag gekommen war. Ich wußte, daß mein Vater sonntags bei seinen Freunden war und sie ein Gläschen tranken. Mein Gesicht klebte am Drahtzaun des Zeltlagers und ich beobachtete noch immer die Straße, obwohl es spät geworden war; bald mußten die Besucher wieder gehen. Von weitem sehe ich eine männliche Gestalt mal nach rechts mal nach links torkeln, als würde er auf einem schmalen Pfad balancieren. Das wäre doch gelacht, sage ich mir, wenn das Papa wäre. So ging er, wenn er betrunken war. Er kam näher und ich erkannte ihn. Er sang ein türkisches Lied von der Fremde und seine Stimme war mal lauter und mal leiser. Ich stellte fest, daß er wieder betrunken war. «Nein, mein Gott, sollen wir uns auch hier blamieren?» rief ich. «Und Mama hat mir gesagt, daß er nicht mehr trinkt. Papa!» rufe ich ihn von hinter dem Zaun. Er dreht sich um und sieht mich: «Meine Tochter, ich habe dich vermißt und bin gekommen, um dich zu sehen.» Er steckte seine Finger durch den Draht und faßte mich an der Nase. «Laß auch diese Woche vorbeigehen, bis du nach Hause kommst; Mama und ich sind so einsam wie die Raben.» Mein armer Vater, du wärst ein so guter Mensch, wenn du nicht trinken würdest. Ich zeige ihm die Tür, er kommt herein, ich zeige ihm das Zelt und mein Faltbett. «Deck dich zu, damit du dich nicht erkältest», sagt er mir. «Hast du etwa zugenommen? Wenn du nach Hause kommst, werde ich dich auf die Waage heben.» – «Ich bin doch groß geworden, wie kannst du mich hochheben?» – «Was meinst du, mein Anacik, mein Einziges?» und er zeigte seinen kleinen Finger. «Ich soll dich nicht hochheben können? Was für ein Vater wäre ich denn dann?» Er torkelte wieder davon, wie er gekommen war.

An jenem Abend konnte ich nicht schlafen. Ich wälzte mich in meinem Bett umher. Ich sehe Lisa, ein schmales, dunkles Mädchen; sie wirft die Decke beiseite, steht mit weitaufgerissenen Augen auf und sucht die Tür. «Lisa, kannst du auch nicht schlafen?» frage ich sie. Sie antwortete nicht und ging hinaus. Es kam mir seltsam vor, wie sie mit einem so sonderbaren Blick ging. Irgendwie fürchtete ich mich.

Als die Zeit verging und sie nicht zurückkehrte, begann ich mir Sorgen zu machen. Ich stehe auf, gehe zur Gruppenleiterin und wecke sie auf. «Was ist los, mein Kind, und um diese Zeit?» – «Lisa ist vor so langer Zeit hinausgegangen und nicht wiedergekommen», sage ich ihr. Sie steht auf und sieht ihr leeres Bett. «Dieses Mädchen schlafwandelt schon wieder», sagte sie zu sich und ging hinaus. Das Mädchen war nirgends zu sehen. Die Gruppenleiterin weckte auch die anderen, die uns beaufsichtigten, und sie begannen alle gemeinsam zu suchen. «Gehen wir zum Meer suchen», meint eine. Nach einer ziemlich langen Zeit brachten sie sie zurück. Lisa weinte. Sie war, ohne es zu merken, bis zum Meer gegangen. Sie war plötzlich aufgewacht, als die Wellen ihre Füße überspülten und hatte sich in der Dunkelheit gefürchtet. Danach weinte sie die ganze Nacht. Ich verstand sie gut.

Es war schön im Zeltlager, aber ich freute mich auch auf den Tag der Rückkehr. Mama war im Garten. Als sie mich sah, fiel ihr die Schüssel mit den Pflaumen hin, die sie vom Baum pflückte, um Marmelade zu kochen: «Willkommen, mein Mädchen!» Sie umarmte mich und weinte vor Freude. Sie fand mich auf einmal groß und hübsch: «Wie du dich in einem Monat verändert hast!» Asor rieb sich an meinen Beinen, während die Katzen umherjagten und spielten. Etwas weiter weg watschelte die Ente, der ihre Küken folgten. Sie ähnelten einer Kompanie und ich lachte. Alles erschien mir neu. Die blühenden Blumen verbreiteten ihren Duft und man wußte gar nicht, welche am schönsten roch.

Meine Cousins und Cousinen von nebenan liefen freudig herbei. Dahinter Tante Maritsa: «Siehst du? Dein Traum hat sich erfüllt, Dimitria. Habe ich dir nicht gesagt, daß du ein Gesicht sehen wirst?» Als Papa kam, verbarg er seine Freude nicht: «Aferim, gut gemacht, meine Tochter, du bist gewachsen, wie soll ich dich jetzt wiegen?» – «In unser Haus ist wieder Licht gekommen», sagten sie. «Unser Haus hat sich mit Freude gefüllt.» Und sie umarmten mich immer wieder.

10

«Ich habe gerade mit Frau Wanda gesprochen, der Schneiderin. Du wirst zu ihr gehen, um Nähen zu lernen.»

Also Schneiderin! Das gefiel mir nicht sehr. Heute bestimmten sie meine Zukunft und gaben meinem Leben eine neue Wendung. Wenn die Kinder ins Gymnasium aufbrechen würden, um sich weiter zu bilden, um in der Gesellschaft etwas zu werden, würde ich mich damit abmühen, den Faden in die Nadel einzufädeln, um zwei Stücke Stoff miteinander zu verbinden, sie zusammenzufügen und sie jedem Körper anzupassen. Das sollte meine Zukunft sein? «Lerne ein Handwerk und lege es dann beiseite, und wenn du es brauchst, hast du etwas in der Hand», sagte mir Papa.

So sehr ich auch protestierte, niemand hörte mich. Wir brachen also eines Morgens auf, um zu Frau Wanda zu gehen. Sie war eine sehr schöne Frau und sie hielt ihren Säugling in ihren Armen. «Komm, küsse ihre Hand, höre auf sie und achte sie», sagt mir Papa. Zum Glück kam auch meine Freundin Vangelia zur gleichen Schneiderin und so war ich einigermaßen getröstet. Sie hatte einen großen Raum neben ihrem Haus als Werkstatt. Insgesamt eine Handnähmaschine, Stecknadeln, Nähnadeln, ein Meterband, eine Schere. Einfache Sachen und wenig. So mußten wir jedes Teil suchen, was wir verloren, denn ein zweites gab es nicht.

Es kam eine Kundin, sie suchten einen Entwurf, machten den Preis aus, ihre Maße wurden genommen, der Stoff geschnitten, und sie gab ihn uns für das Einsäumen, das «Surfilet». Surfilet bedeutet, die Nadel einzustechen und einen Millimeter weiter wieder hinauszustechen. Dieselbe nervtötende Bewegung macht man fast den ganzen Tag lang immer und immer wieder, bis alle geschnittenen Stücke fertig sind, damit sie nicht ausfransen. Und dann platzt es aus dir heraus, daß du schreist: «Nicht noch ein Surfilet, bitte, ich kann nicht.» Es ist so nervtötend, mein Gott. Ich tat, als hätte ich die Nadel verloren, einzig und allein, damit die Zeit verstrich, indem ich nach ihr suchte. Ich ging ohne Lust hin, deshalb konnte ich keine perfekte Schneiderin werden.

Wenn wir uns sonntags mit unserer Freundin Katina trafen und sie uns von Altgriechisch, Zoologie und Geschichte erzählte, was sie auf dem Gymnasium lernte, hatten wir nicht viel zu erzählen. Was sollten wir erzählen? Vom Surfilet? Oder über das Baby von Frau Wanda, das wir spazieren führten, wenn es weinte? Da begriff ich, daß mein Wissen stehengeblieben war, und ich fühlte mich selber nichtig und bedeutungslos. Eine Stickerei füllte meine langweiligen Tage, aber auch das begeisterte mich nicht. Wieder Nähnadeln und Zwirn und Metermaß und dann mal eine andere Farbe. Hier brauchte es rot, grün, dort gelb, damit es ein Röschen wird. Das Röschen sah schön aus, aber seelenlos. Was konnte man dabei lernen? Über das Rad der Welt, das sich dreht und die Gesichter der Erde erhellt? Oder über das Leben, das davonflieht und mit dem wir zusammen fliehen? Das Leben des Menschen besteht aus Steigungen und Gefällen. Auf den Gefällen braucht man eine Bremse. Wer soll mir das erklären? Das Röschen? Oder das Kleid der dicken Frau Styliani, die zehn Ellen Stoff brauchte, damit sie hineinpaßte? Ich fand keine Antworten auf meine Fragen. Ich nahm die Tage hin, so wie sie kamen, schöne und häßliche.

Eines Abends saß ich bei meiner Mutter und wir unterhielten uns. Wir hatten den Mangali* angezündet vor uns stehen und wärmten unsere Füße. Ich verstand sie. Sie wollte etwas über die Vertreibung aus Smyrna erzählen, um sich Luft zu machen.

«Komm, erzähl, was hast du noch erlebt, Mama? Damals bei der Vertreibung.» Und sie fing an, mir davon zu erzählen: «Ach, meine Tochter, was haben meine Augen nicht alles gesehen! Der Ausrufer zog vorüber und rief: «Nehmt soviele Sachen mit, wie ihr tragen könnt und versammelt euch alle morgen früh auf dem Platz.» Was sollten wir mitnehmen? Mehr als ein Bündel konnten wir nicht tragen. Man sah Alte, Invalide, Kranke, schwangere Frauen und andere mit Säuglingen. Wohin sie uns führten, konnte uns niemand sagen, auch nicht, wie lange wir gehen würden. Sie hatten auch einige Ochsenwagen. Viele Leute stiegen auf. Man konnte seine Beine nicht bewegen, aber wenigstens saß man. Ich war rechtzeitig da und stieg auf. Mein Vater war noch unten, als der Türke rief: «Yeter!», das heißt: es reicht. «Die Übrigen zu Fuß». Ich wollte ab-

---

* Kohlebecken

steigen und der Türke gibt mir einen Peitschenschlag auf die Beine. «Bleib oben, Dimitria», ruft mir mein Vater zu, «ich finde dich irgendwo!» Ich verkroch mich auf dem Ochsenwagen und weinte still, damit mich der Kutscher nicht hörte und mich schlug. Viele Leute gingen zu Fuß. Die Türken auf Pferden befahlen den Leuten, schneller zu gehen. Ihre Peitschen gingen unbarmherzig auf die Köpfe nieder, auf die Beine, wie der Zufall es wollte. Wer vor Erschöpfung hinfiel, den faßten sie an den Füßen und warfen ihn in den Straßengraben. Wenn ihre Angehörigen riefen und baten, bekamen sie auch eins über, bis sie schwiegen. Die Menschen fielen um wie leere Säcke vor der Strapaze, meine Tochter. Sie kamen um, sie wußten nicht, wohin sie gehen sollten, um der Wut der Türken zu entgehen.

Wir ließen unser Habe in den Häusern zurück, unsere gefüllten Speicher, und mit wenig Brot und Käse im Bündel wußten wir nicht einmal, wohin sie uns führten. Der Ochsenwagen blieb vor einer Schule stehen. Sie setzen uns alle ab. Ich weine um meinen Vater. Ich weiß nicht, ob ich ihn wiederfinden werde. Ich sehe mich um, suche, nichts. Ich war damals zwölf Jahre alt und fürchtete mich vor dem Alleinsein. Dann kamen türkische Soldaten mit rohen Stimmen, sie holten uns ab und führten uns zu den Häfen.

Wir erreichen den Hafen. Aus der Ferne sehen wir, wie die Stadt brennt. Die Häuser sehen aus wie brennende Fackeln, und ein schwarzer Qualm drang bis zu unserer Nase. Viele priesen Gott, daß sie noch lebten. Die Leute sitzen, warten, ich laufe mal hierhin, mal dorthin. Vielleicht würde ich einen Bekannten entdecken, bei dem ich Unterkunft finden könnte. Schiffe kommen, füllen sich mit Leuten und fahren ab. Alle weinen um ihre verlorenen Verwandten und um ihren Besitz, den sie zurückgelassen hatten. Plötzlich hörte man Stimmen: «Alle schnell zurück, es kommen Autos durch.» Sie drängeln und schubsen. «Zurück! Weicht zurück!» Die Leute drängeln sich, um Platz zu machen. Es fahren große Lastwagen vorbei und werfen Brot vom Roten Kreuz. Rechts, links, aus allen Richtungen. Tausende Hände greifen in die Luft, strecken sich aus, wer etwas erwischt. Einer zertritt den anderen für einen Laib Brot. Eines fällt auf meine Füße, ich bücke mich und nehme es, einer reißt es mir aus den Händen und ich weine und verlange es zurück. Er bricht ein Stück ab und gibt es mir. «Das reicht dir», sagt er mir. «Wir haben auch Hunger.»

Soviele es schaffen, steigen auf. Vor lauter Gewicht gingen die Schiffe fast unter. Man hörte Geschrei und Weinen. Smyrna brannte. Es sah aus wie tausende brennende Fackeln und Öllampen für die Seelen derer, die verloren waren. Im Meer schwammen eine Menge Körper. Ich saß in einem Winkel im Bug, es war beißend kalt und ich hatte nichts, um mich darin einzuwickeln. Es war schön, während das Schiff fuhr und die kalte Luft mein Gesicht einfrieren ließ. «Komm mal näher», sagt mir eine Frau und deckt mich mit dem Ende der Decke zu, in die sie eingewickelt war. In der Ferne erschienen Lichter. «Das ist der Hafen, an dem sie uns absetzen werden», sagt die ältere Frau. Jetzt fuhr das Schiff in die Freiheit, und es würde kein

Jagen der Türken mehr geben. Aber wer weiß, was uns dort erwarten würde!

Das Schiff drosselte die Geschwindigkeit, die Treppen wurden heruntergelassen. Wir standen alle in einer Reihe. Der Kai ist voll von Leuten, die sich drängeln, um die Aussteigenden zu sehen, und vielleicht einen Familienangehörigen zu entdecken. Es waren die, die mit dem vorigen Schiff gekommen waren. alle rufen die Namen ihrer Angehörigen, die sie verloren hatten. Niemand rief meinen Namen, und ich kannte auch niemanden.

Ich lief zwei Tage auf der Insel umher. So wie ich war, hungrig und schmutzig, nähert sich mir eine Frau. «Willst du in mein Haus kommen, um mir bei den Arbeiten zu helfen? Ich habe außerdem zwei Kinder», sagt sie zu mir. Ich nahm sofort an.»

Ich hatte ihr zugehört. Mir kam das alles wie ein Märchen vor.

«Ah, du kennst Frau Jeorgia, die die zwei Mädchen hat. Sie hatte noch ein kleines Mädchen, die Anna, sie war bei der Vertreibung damals drei Jahre alt. Sie konnte nicht mit dem Kind laufen und ließ es auf dem Weg zurück. Und sie weinte die ganze Zeit und fragte sich: Ob es wohl lebt? »

«Mama, vergiß doch endlich die Vertreibung.» Ich will aufstehen und stoße gegen den Mangali. Die glühenden Kohlestücke fallen auf den Flickenteppich. Oh je, und jetzt? Mit einer schnellen Bewegung faßt meine Mama den Flickenteppich und schüttelt ihn im Garten aus. Ich renne erschrocken hinter ihr her. Sie schüttet Wasser über ihn, aber er war schon an mehreren Stellen angebrannt. Ich wußte nicht, was ich ihr als Entschuldigung sagen sollte. «Na komm, das macht doch nichts», sagt sie mir. «Ich werde ihn aufheben, um ihn dir als Mitgift zu geben, damit du dich an den heutigen Abend erinnerst.»

Bald kam mein Vater nach Hause. Er war angeheitert. So nannte er es, wenn er ein wenig getrunken hatte. Er lachte über den Mangali. Er beginnt sein Abendgebet, als er auf die Uhr aufmerksam wird, die stehengeblieben war und aufgehört hatte, die Augen zu bewegen. Er hält in der Mitte des Abendgebetes inne, nimmt sie in die Hände, er zieht sie auf, er schüttelt sie, nichts. Er stellt sie über den Kamin. Er beginnt sein Abendgebet wieder von vorne. Plötzlich beginnt die Uhr zu laufen und ihre Augen zu bewegen. «Du machst dich lustig über mich», sagt er zur Uhr, und fährt fort zu beten. «Paß bloß auf!» Aber als die Uhr wieder stehenblieb, hielt er es nicht aus, er nahm sie in seine Hände und warf sie mit Gewalt auf den Boden. Sie begann wieder ihre Augen hin und her zu bewegen. «Du bist nicht zu ertragen, du Betrüger. Du willst mich bloß hereinlegen.» Er gibt ihr einen Tritt und sie ist hinüber. Sie bewegte ein letztes Mal ihre Augen, als würde ein Mensch seine Seele aushauchen; sie blieb mit ihrem vom Tritt zertrümmerten Gesicht stehen. «Damit du lernst, mich zur Abendstunde zum Besten zu halten», sagt er zu ihr.

11

Als ich eines Tages von der Schneiderin nach Hause komme, zeigt mir Mama einen Brief: «Komm, meine Tochter, lies ihn und laß uns sehen, was mein Neffe uns schreibt.» Ich öffne und beginne zu lesen. Erst das Übliche: «Zuerst möchte ich mich nach Eurer Gesundheit erkundigen, und zweitens, wenn Ihr nach mir fragt, bin ich auch gesund. In einer Woche werde ich aus der Armee entlassen und auf dem Rückweg werde ich in Katerini absteigen, um Euch zu sehen. Euer Neffe Manolis.»

Mama zählte die Tage: «Ach Eleni, morgen muß er dann endlich kommen. Hatschi! Oh, Niesen bedeutet, jemand denkt an mich.» Sie leckte an drei ihrer Fingerspitzen, dachte für jeden an einen Namen, die sie immer aus ihrer Familie wählte, und sagte mir: «Halte einen, damit ich sehe, wer an mich gedacht hat.» – «Der mittlere», sage ich ihr. Ich wußte, der mittlere war immer ihr Neffe. «Ja, er ist es. Morgen kommt er.» Meine Tante Maritsa deutete ihr außerdem ihren Traum.

Am nächsten Tag hätte man meinen können, es wäre ein Festtag: Sie stand frühmorgens auf, sammelte Weinblätter, machte gefüllte Weinblätter, kleine Nudeln, die sie selbst vorbereitet hatte, und bereitete noch anderes vor. Dann und wann warf sie einen Blick aus dem Fenster, um zu sehen, ob er wohl käme, weil sie die genaue Uhrzeit nicht wußte. «Da ist er, er kommt», rief sie auf einmal und wir rannten zur Tür. Er blieb bei uns stehen. Ich bewunderte seine schöne Gestalt und seinen warmen Blick. Seine Fliegeruniform stand ihm prächtig. Mama küßte ihn auf seine rundlichen Wangen, umarmte ihn, und dann kam die Reihe an mich. Er beugt sich vor und gibt mir einen Kuß auf die Wange. «Mein kleines Cousinchen», sagt er und faßt mich am Zopf. Oh, ich halte meine Wange, als hätte er ein Feuer daran gehalten. Vielleicht weil es der erste männliche Kuß war, und ich schämte mich. Was soll's, wo er mein Cousin ist, was stelle ich mich so an?

Bis Mama den Tisch fertigmachte, zeigte ich ihm das Abgangszeugnis der Volksschule. Er beglückwünschte mich zu der guten Note. Ich zeige ihm die Stickerei, er achtete nicht einmal genau darauf und sagt: «Ah, schön. Die Rose stickt ein Röschen.» Meine blassen Wangen erröteten bei dem Kompliment. Ich faßte Mut und erzählte ihm einiges. Über meine Freundinnen, mit denen ich noch Tseliki spielte. Ich zeigte ihm auch die Beule, die ich vom Tseliki-Spielen hatte. Ich neckte ihn, ich zog seine Fliegermütze an, und wir lachten. Bald kam Papa und machte den Späßen ein Ende. Wenn wir Besuch hatten, spielte er den Strengen. Mama deckte den großen Tisch; wir würden heute abend feierlich essen. Papa kam wieder in angeheiterte Laune, redete viel, und wir lachten alle.

«Ich komme bald wieder», sagte er uns beim Weggehen. Und der Briefwechsel ging weiter.

Es vergingen einige Monate. Der Sommer näherte sich. Mein Vater bestellte dieses Jahr nicht selbst den Garten und wollte ein fertiges Melonenfeld kaufen, um vorher zu zahlen und nachher beim Verkauf den Gewinn einzustreichen. Und was machte er? Er fand ein Feld voller Melonen, fragte den Menschen, wieviel er verlange, und jener sagt ihm: «Gut, morgen werde ich dir antworten.» Er kommt nach Hause und sagt mir: «Zähl mir zweitausend Maiskörner aus.» – «Was willst du mit sovielen machen, Papa?» – «Ich will ausrechnen, wieviel Okka Melonen ein Feld bringt.» – «Gut, aber willst du das mit dem Mais ausrechnen?» Das wollte nicht in meinen Kopf. Es mag sein, er war ungebildet, aber im Rechnen war er sehr geschickt. Er füllt seine Taschen mit den Maiskörnern und geht auf das Feld. Er geht es ganz ab und wirft zu jeder Melone ein Maiskorn. Zu Hause holt er die übriggebliebenen Maiskörner aus seinen Taschen, wir zählen sie, wir ziehen sie von den zweitausend ab, und er sagt: «Und jetzt 1800 Melonen zu durchschnittlich je fünf bis sechs Okka, das macht soundsoviel Okka. Und jetzt, meine Tochter, multipliziere die Okka mit soundsoviel. Der Mann will etwa die Hälfte. Das ist ganz in meinem Sinne, meine Tochter, morgen werde ich es kaufen.» Als er mit dem Garten fertig war, wunderte sich der Besitzer des Feldes, daß auf dem Feld Mais wuchs, ohne daß der Mann welchen gesät hatte.

Die größte Enttäuschung meines Lebens erlebte ich an einem Abend im Frühjahr 1953. Mein Papa kam betrunken nach Hause und sagte Mama, daß er das Haus verkauft habe.

Vor einer Woche hatte mein Vater sich mit seinem Bruder gestritten. Weil mein Vater die Felder verkauft hatte und alles beim Trinken ausgegeben hatte, überlegte sein großer Bruder, ihm das halbe Grundstück wegzunehmen. Das ganze Grundstück war zwei Stremmata, zwei Dekar, groß und beide Geschwister hatten darauf Anrecht. Um es zu teilen, mußten beide unterschreiben. Sein Bruder sagt ihm also: «Du hast ein Kind, ich habe drei, deshalb wird das Grundstück in vier geteilt werden.» Mein Vater wollte nicht, und sie stritten ernsthaft, sie redeten nicht miteinander. Jeden Tag hörten wir Geschimpfe wegen des Grundstücks.

Eines Nachts gingen alle mit angezündeten Lampen in den Händen hinaus. Mein Vater war betrunken nach Hause gekommen und wollte um diese Zeit das Grundstück aufteilen. «Leuchte mir mit der Lampe, Dimitria.» – «Thanassis, es regnet doch, das Lampenglas wird kaputtgehen.» Sie bedeckte sie mit ihrer Jacke, hielt in ihrer Hand einen alten Schirm und ging hinter ihm hinaus. Er blieb genau in der Mitte des Grundstücks stehen und legte einige Steine als Grenzmarkierung hin. In dem Regen brachte er Holz und Steine heran und legte sie genau in die Mitte, um das Grundstück zu teilen. «Da hast du es, du Namkioris, du Undankbarer», rief er zu seinem Bruder. «Bis hierher reicht es dir, nimm es. Aber ich werde es weggeben und aus deiner Nähe verschwinden.»

Danach kam er vom Regen durchnäßt herein. «Ich werde euch mitnehmen und wir gehen weg», sagte er damals. Anfangs glaubten wir es nicht. «Worte eines Betrunkenen sind Worte in den Wind» sagten wir und sahen uns an. Und wenn es die Wahrheit wäre? Oh mein Gott, laß es eine Lüge sein. Dieses Haus hatte ich geliebt, es war mir ins Herz gewachsen. Wie sollten wir uns davon trennen?

Am nächsten Tag erfuhren wir, daß es keine Lüge war. Weil er sich mit seinem Bruder gestritten hatte, verkaufte er es aus Trotz. Er nahm den Vorschuß, bewirtete das ganze Kafenio und in den nächsten Tagen, wenn die Papiere fertig wären, würde er den Rest bekommen. Wir mußten uns auf die schnelle nach einem Haus umsehen. Je mehr Tage verstrichen, umso mehr verringerten sich unsere Ersparnisse und wir zitterten beim Gedanken, auf der Straße zu bleiben. Schließlich kauften wir ein größeres, aber auf dem Dorf. Mein Kummer war groß. Ich würde das, was ich in so vielen Jahren liebgewonnen hatte, verlieren. Ich würde meine Freunde verlieren, jetzt, wo ich ein wenig größer war und nicht mehr auf den Straßen spielte. Ich würde also in ein Dorf eingeschlossen werden. Die Tage bis zur Abfahrt kamen näher, und ich konnte es nicht glauben und konnte mich nicht damit abfinden, mich in einem Dorf niederzulassen; ich wäre fast von allem abgeschnitten.

Wir begannen mit halbem Herzen zu packen. Ich lief mit einer Schachtel mit meinen Sachen in den Händen herum. Ich wußte nicht, wohin ich sie bringen sollte. Wir beginnen mit dem Einpacken und hängen die Hängeschränke und den Spiegel ab. Der Putz bröckelte ab; jeder Nagel, der sich löst, knirscht seufzend, als würde es auch ihm weh tun. Mir fallen die Fotografien und die Postkarten hin. Ich bücke mich, um sie aufzuheben, auch sie sehen mich traurig an. Es waren nur noch wenige Sachen geblieben und wir sammelten alles im Haus ein.

Mein Herz zersprang, als ich das Zimmer kalt und leer sah. Ich hörte aus jedem Winkel Stimmen: Hier hast du gegessen! Hier hast du gespielt! Hier hast du gelesen! Hier hast du geschlafen und deine quälenden Alpträume gehabt! Jeder Winkel bewahrte seine eigene Erinnerung. Auch der Kamin war erloschen, ein letzter Rest Asche war geblieben. Wie oft hatte ich die Holzscheite gesehen, wie sie langsam verloschen, und ich legte andere nach und das Zimmer füllte sich mit den unterschiedlichsten Schatten. Dann bewegte ich meine Hände, bildete verschiedene Figuren und lachte vor mich hin.

Wir luden alles auf den Karren. Ein ganzer bescheidener Haushalt war auf einem Karren aufgeladen. Die Leute kamen aus den Dörfern in die Städte hinab, und wir gingen von der Stadt ins Dorf. Meine Mutter war wie betrunken. Sie ging umher, streichelte die Blumen und dann schloß sie weinend die Tür, als würde sie darin alle ihre Erinnerungen begraben. Die Sonne begann unterzugehen. Der Mond würde abends den Hof erhellen, aber wir würden nicht dort sein. Wir würden ihn von einem anderen Winkel aus sehen. Die Sonne und der Mond würden immer durch diesen Hof wandern, in dem ich einige Jahre meiner Kindheit verbracht hatte.

Auch Vater ist traurig, aber er versucht, es nicht zu zeigen, außerdem war es ja sowieso sein Werk. Ich sehe auf dem Karren den Kopf meiner Stoffpuppe aus einer Schachtel ragen. Als wolle auch sie etwas sehen. Ich hebe sie heraus und drücke sie an mich. «Siehst du unseren Baum, unter dessen Zweigen wir uns alle Geheimnisse anvertraut haben?» sage ich ihr. «Wir werden ihn nicht wiedersehen, sie werden ihn fällen. Und der schöne Garten, in dem wir gespielt haben, wird zuzementiert. Sie werden Geschäfte und langweilige Häuser mit kleinen Balkonen bauen. Es werden eine Menge Stufen herabgehen, die direkt auf die Straße führen. Ihre Kinder werden nicht mit einem Asor durch den Garten laufen können.» Unsere paar Hühner gackerten mit festgebundenen Beinen oben auf dem Wagen. Auch sie fürchteten sich, weil sie ihren Hühnerstall verloren.

Das Dorf, in das wir fahren würden, hieß Peristassi, es war fünf Kilometer weit weg und war ruhig. Am ersten Morgen, an dem ich im neuen Haus aufwachte, hörte ich Hähne krähen, Zikaden eintönig grillen. Ein Esel schrie mehrmals am Tag.

Die Häuser lagen weit voneinander entfernt. Sie hatten große Gärten, in denen sie viel Gemüse anbauten, und wenn sie sich an den Zäunen unterhielten, hörte man die Stimmen bis zum letzten Haus. Dort an den Zäunen konnte man alle Neuigkeiten des Dorfes erfahren. Der Tratsch dauerte Stunden und sie schilderten sich die letzten Kleinigkeiten.

Das Haus hatte zwei Zimmer und ein Wohnzimmer. So bekam auch ich mein eigenes Zimmer und ich richtete es mit meinen Sachen gemütlich ein, so wie es mir gefiel. Es hatte auch viele Speicher und den Abort im Hof.

Mein Vater baute selber Ställe und mit dem Geld, das ihm blieb, kaufte er einige Kühe. Morgens wachte ich vom Muhen der Kühe auf. Er trieb frühmorgens die Kühe des

Dorfes zusammen, brachte sie auf die Weide und trieb sie abends zurück.

Das Leben auf dem Dorf verstrich irgendwie andersartig. Ich sehnte mich allerdings oft nach unserem alten Haus zurück. Auch deswegen, weil wir durch die Prüfung der Nachbarschaft gingen: «Wo kommt ihr her? Wieviele Kinder habt ihr?» Als müßten wir im Dorf eine Prüfung bestehen, begannen wir bei allem vorsichtig zu werden, um keinen Anlaß für Klatsch zu geben. Mama sagte zu mir: «Wenn die Schwiegermutter spricht und die Schwiegertochter schweigt, dann gibt es keine Querelen. Wir müssen das alles hier beachten. Die Leute sind neugierig.» – «Lernt Ihre Tochter irgendein Handwerk?» fragt eine Nachbarin. «Natürlich, sie war bei einer Schneiderin, aber jetzt, wo wir hierher gekommen sind, ist es zu weit, um dort hinzugehen.» – «Dann schickt sie hier zu Katerina, der Schneiderin. Dort gehen auch drei andere Mädchen hin.»

Diese Gelegenheit verpaßten sie nicht; sie brachten mich zu Katerina, damit ich meinen Beruf fortführte. Wieder dieselbe Handbewegung, wenn die eine Hand das Rad bewegt und die andere den Stoff.

Mit den anderen drei Mädchen sind wir zu viert. Die Stimmung ist heiter und ausgelassen. Sie hatten eine ungewohnte Aussprache. Katerina ist so ziemlich die beste Schneiderin des Dorfes; deshalb hat sie immer Arbeit. Ihr Bauernhaus ist groß, aber ihre Familie ist auch groß: Mama, Papa und fünf Geschwister. Sie haben auch viele Tiere, die meisten arbeiten auf ihren Feldern. Aber Katerina hat ihre eigene Arbeit; sie näht. Sie ist ziemlich hübsch und schick. Ihr gefallen Scherze. So können wir alle frei reden.

Wir lachten über Marigo, die die ganze Anprobe lang die Nase hochzog, weil sie kein Taschentuch hatte. Wir gaben ihr den Spitznamen Rotz-Marigo. Wir lachen über Katinio, die mehrmals auf die Toilette ging, bis sie den Entwurf für ihr Kleid ausgesucht hatte, sie nannten wir Piß-Katinio. Wir lachten über Kyra-Aspassia, die 104 Kilo wog und doppelt soviel Stoff brauchte. Ich erzählte ihnen auch vom Surfilet, daß mich bei der vorigen Schneiderin so gelangweilt hatte. Jeden Tag fanden wir etwas zum Lachen.

Was kam mir an jenem Tag bloß in den Sinn, den Stuhl gerade in dem Moment wegzuziehen, als ein Mädchen Steppen lernte und den Griff der Maschine hielt? Erst fiel das Mädchen hin, dann die Maschine, und alt wie diese war, fiel sie auseinander. Ihren Griff behielt das Mädchen in der Hand. Man hörte Lärm und das Krachen der Maschine auf dem Boden. Da wurde mir mein Fehler klar. Ich half dem Mädchen aufzustehen und bat sie um Enschuldigung. Aber was sollte mit der Maschine passieren, die auseinandergefallen war? Erst schimpfte die Schneiderin mit mir, aber dann brachen wir alle zusammen in Gelächter aus, und wir halfen ihr, sie wieder zusammenzuschrauben.

Und wieder begann das Surfilet, das Umnähen und das Öffnen. Zum Glück ging ich hin, wann ich wollte, es war nicht vorgeschrieben.

Im Dorf arbeiteten die meisten mit Tabak. So entschloß sich auch mein Vater, dieses Jahr Tabak zu setzen. Er bereitete das Feld, auf dem er das Gemüse gepflanzt hatte, um Tabak zu setzen. Die ersten Vorbereitungen begannen schon im Frühjahr.

Im Garten des Hauses bereiteten sie drei große Beete vor. Sie waren etwas höher als der Boden. Sie warfen Samen hinein, darauf Dünger, und es mußte jeden Tag gegossen werden. Glücklicherweise hatten wir in unserem Hof eine Pumpe, aus der wir das Wasser zum Bewässern nahmen. Einer mußte den Schwengel bewegen und der andere nahm die Gießkanne und goß.

Sobald die Pflanzen trieben, jäteten wir sie, das heißt, wir jäteten das Unkraut zwischen ihnen, damit die Pflanzen ungehindert wachsen konnten. Als sie etwas größer waren, so um Ostern, begann das Einpflanzen im Feld. Ich half ihnen, soweit ich konnte, im Haus, aber auf die Felder nahmen sie mich sehr selten mit. Nur, wenn ich sie bat, meinen Walnußbaum sehen zu dürfen.

Zum Einpflanzen standen sie früh auf. Sie bewässerten die Furchen, damit die Wurzeln leichter herausgingen; danach sammelten sie die Pflanzen in Reihen in Kartons und gingen zum Einpflanzen aufs Feld. In einer Hand hielten sie die Ahle, mit der sie Löcher in die Erde bohrten, mit der anderen setzten sie die Pflanze hinein. Mit derselben Ahle drückten sie die Wurzeln fest. Reichliches Gießen, bis die Pflanzen angingen und später, als sie etwas gewachsen waren, begann das Hacken. Mit den Hacken holten sie das Unkraut heraus, das zwischen den Pflanzen wuchs.

Im Sommer, als die Pflanzen endlich reif waren, und die Blätter an den Rändern gelblich wurden, begann das

Abbrechen. Das mußte in der Morgendämmerung vonstatten gehen; bevor die Sonne aufging mußten sie fertig sein, solange es noch kühl war, damit die Blätter nicht welkten und damit sie leicht aufzufädeln waren.

Ich hörte sie oft in der Nacht, wenn sie den Karren abspannten und aufbrachen. Dann hörte man viele Karren zusammen, die zur gleichen Arbeit fuhren. Ich schlief noch einmal ein und morgens, wenn ich aufstand, kamen meine Eltern vom Abbrechen. Sie hatten den Tabak in Ballen aus Säcken, oben verschnürt.

Wir brachten sie hinunter in die Baracke und begannen, ihn den ganzen Tag lang aufzufädeln. Das konnte man auch gemeinschaftlich machen. Ich nahm den Ballen mit dem Tabak und ging zum Auffädeln zur Nachbarin, um Gesellschaft zu haben. Ein andermal kamen sie zu uns. Wir redeten und lachten und einer versuchte den anderen zu überrunden. Wenn die spitzen Nadeln sich mit Blättern gefüllt hatten, leerten wir sie auf Fäden. Und wenn der Faden voll war, nach ungefähr zehn Nadeln, hängten wir sie auf das Trockengestell. Das Trockengestell war aus vier Holzrahmen außen und einem in der Mitte gemacht. Es waren Nägel daran und an diesen Nägeln hängten wir die Schnüre auf.

Wenn das Trockengestell voll war, stellten es zwei Leute an die Sonne. Wir wendeten sie oft zur Sonne hin, damit der Tabak trocknete. Nachher sammelten wir das Getrocknete an einer überdachten Stelle, damit sie nicht feucht würden, und breiteten die grünen aus.

Das ging so den ganzen Sommer. Wir durchliefen die «erste Hand», dann die «zweite» und danach die «dritte», bis wir an die Pflanzenspitze kamen. Zum Schluß blieb der reine Stengel der Pflanze. Unsere Kleidung wurde grün vor Schmutz. Wir rieben unsere Hände stundenlang, um sie von Nikotin sauber zu bekommen, das noch frisch war. In unseren Hälsen hatten wir den ganzen Tag ein bitteres Gefühl.

Die großen Tabakhersteller, die viele Stremmata Tabak besaßen, hatten es leichter. Sie nahmen viele Tagelöhner. Sie hatten unendliche Rahmen als Trockengestelle, und morgens öffneten sie die Tücher, die wasserdicht waren, damit sie an der Sonne waren. Abends deckten sie sie zu, um sie vor Feuchtigkeit oder einem plötzlichen Regen zu schützen.

Mein Vater war gut aufgelegt. Er probierte selber die Qualität seines Tabaks. Er drehte einige trockene Blätter und wickelte sie in Zigarettenpapier. Er zündete sie an, rauchte, und genoß den Tabak.

Es war, als würde eine Hausfrau ihr Essen, oder eine Süßigkeit, die sie gemacht hatte, kosten. Er rief auch den Nachbarn: «Kyr-Mitso, komm und probiere ihn.» Der drehte auch, zündete ihn an, sie rauchten ihn ohne Filter – wo sollte es damals einen Filter geben? – sie genossen ihn. «Deiner ist schön stark!» – «Meiner ist leichter. Gehen wir jetzt meinen probieren.» Sie tranken auch bitteren Kaffe. Je länger ich sie sah, desto mehr spürte ich eine Bitterkeit in meinem Hals, und ich leerte die Gläser mit den Süßigkeiten, die Mama gemacht hatte und für den Winter aufbewahrte.

Eines Tages wollte ich unbedingt mit ihnen fahren, um zu sehen, wie sie den Tabak brechen. Ich sage ihnen: «Vergeßt nicht, mich aufzuwecken!» Sie weckten mich in der Nacht. Ich stand voller Freude auf. Ich wurde im Karren zugedeckt und wir fuhren unter dem Geleit des Mondes. Unterwegs bellten einige Hunde in der Stille der Nacht und der Mond schien uns zu folgen. Ich sah ihn manchmal rechts und manchmal links, ich bestaunte ihn und fiel in einen tiefen Schlaf. Es tat ihnen leid, mich aufzuwecken, und als sie mit dem Brechen fertig waren, machten sie sich auf den Rückweg. Als das Pferd im Hof stehenblieb, wurde ich wach und glaubte einen Moment, daß wir jetzt aufbrechen würden. «Sind wir immer noch nicht da» – «Wir sind schon zurück», sagt Mama. «Wo ist dein Ballen mit Tabak, den du gebrochen hast, Eleni?» Ich war beleidigt und weinte. «Ihr seid schuld, weil ihr mich nicht aufgeweckt habt.»

Als das Tabaksammeln auf dem Feld beendet war, und das Trocknen, begann das Stapeln. Die Fäden wurden herausgezogen, die Blätter wurden in einer Reihe hingelegt und nachher zu Bündeln gebunden.

Dann kamen die Händler, handelten den Preis aus und nahmen sie schließlich mit, um sie weiterzugeben, damit Zigaretten daraus würden. Was sich als Ausschuß herausstellte, wurde verbrannt. Der Tabak machte sehr viel Arbeit für wenig Gewinn. Den größten Gewinn machten die Händler: «Gib etwas mehr, Canim, mein Bester. Es steckt viel Schweiß in diesem Tabak.» Nichts zu machen, er listete eine Reihe Vorwände auf. Zuerst nannte er die

Mängel: «Es wird viel Ausschuß dabei herauskommen, es ist keine gute Qualität, es wird viel verderben und so weiter».

«Ihr undankbaren Händler», sagte Papa, «ihr benutzt beim Kauf alle Tricks, damit ihr spart; denkt ihr nicht an die armen einfachen Leute? Wählt mich mal zum Abgeordneten, damit ich sie vor den Kadi bringe, nur dann werdet ihr euch an Brot sattessen.» Er lief zum Gemeindevorsteher: «Gemeindevorsteher, wieso wollen sie die Früchte, den Tabak, alle landwirtschaftlichen Güter umsonst? Arbeiten wir umsonst?» – «Was kann ich dafür, Barba-Thanassis? So steht es im Gesetz geschrieben.» – «Ach, diese Gesetze! Wer bestimmt sie, um ihn zu bespucken? Hat nicht dieselbe Erde alle Völker geboren? Wieso werden andere Staaten reich, und uns reicht es mit soviel Arbeit nicht zum Leben?» Dann trank er seinen Raki, um sich abzureagieren und zu vergessen.

«Frau, Schluß mit dem Tabak, ich baue ihn nicht mehr an, damit die Nichtsnutze von unserem Schweiß leben.»

Draußen vor dem Haus zogen verschiedene Hausierer vorbei. Die einen schliffen Messer und Scheren, die anderen verzinnten Töpfe und Pfannen; und viele Kleinhändler verkauften Zwirn, Stecknadeln und Schnüre, einen ganzen beweglichen Laden oben auf dem Karren.

Eines Abends hatte mein Vater einige schöne Bretter für den Fußboden gekauft. Er lehnte sie am Abend draußen im Hof an und am Morgen waren sie nicht da. Wie wir am nächsten Tag erfuhren, hatten dieselben, die sie verkauft hatten, sie wieder gestohlen. Am selben Abend verkauften sie sie an drei weitere Personen.

12

Unser Leben im Dorf verlief mitten zwischen den Tieren. Wir hatten etwa zehn Kühe, ein Pferd, Hühner, Enten, drei Katzen und den zweiten Asor. Außerdem hatten wir viele Kaninchen. In der Scheune fand mein Vater in verschiedenen Holzverschlägen Platz für die Kaninchen. Sie warfen häufig und vermehrten sich und der Platz füllte sich mit ihnen. Ich sammelte Gras aus dem Gemüsegarten und warf es ihnen zum Fressen hin. Unsere Mama kochte oft Kaninchen für uns.

Ich saß in unserem Innenhof und stickte, umgeben von den Tieren. Meine Eltern fuhren aufs Feld und ich blieb zu Hause. Ich trieb die Kühe auf die Weide und ließ nur eine zu Hause, weil sie in jenen Tagen kalben sollte. Sie sagten mir, daß ich die Nachbarin rufen solle, wenn ich die Kuh werfen sehe.

An jenem Tag saß ich wie gewöhnlich im Hof. Die Katzen miauten und rieben sich an meinen Beinen. Ich verstand, daß sie Hunger hatten, weil sie so jämmerlich miauten. Ich tunkte etwas Brot in mein Essen, gab die eine Hälfte den Katzen, die andere hielt ich auf meinen Knien und wir aßen gemeinsam. Asor hatte sich hingelegt und genoß die Sonne, die orange-gold leuchtete.

Aus dem Stall hörte man das Muhen der Kuh. Ich laufe hin, und was sehe ich. Die Ärmste hat anscheinend Mühe beim Gebären. Ich sah zum ersten Mal ein solches Wunder und erschrak. Ich hatte keine Ahnung, wo die Kälbchen herkommen. Ich mußte schnell die Nachbarin rufen. Ich klopfte heftig an die Tür; es war niemand da. Was sollte ich jetzt tun, mein Gott? Ich renne zur anderen Nachbarin. Auch die war nicht zu Hause. Alle waren weg auf ihren Feldern. Nur eine sehr alte Frau war in der Nachbarschaft und diese konnte nicht gut gehen. Sie sagt mir: «Sobald die Kuh geboren hat, machst du ihr ein wenig Kleie mit lauwarmem Wasser und gibst es ihr zum Fressen. Der Wöchnerin tut der Brei gut.»

Ich kehre verzweifelt nach Hause zurück, weil ich niemanden gefunden hatte; ich fürchtete mich, mich dem Stall zu nähern. Danach höre ich ein paar glückliche Muh-Muh, Muuuh. Ich mußte hingehen. Ich war allein im Haus und trug die Verantwortung. Ich komme an die Tür und sehe die Kuh, die schon ihr Kälbchen ableckt. Das lag noch am Boden und schaute überrascht. Die Kuh leckte es und stuppst es sanft, als würde sie ihm Mut machen wollen, sich auf die Beine zu stellen. Sie sah mich glücklich an. Ich dachte: Eine Mutter bleibt eine Mutter. Ob Tiere oder Menschen, zwischen allen Arten von Lebewesen gibt es keine Unterschiede. Dieser Moment ist der schönste im Leben eines jeden weiblichen Wesens. Und ungefähr so fühlte jetzt auch unsere Kuh.

Ich wußte nicht, was ich tun sollte, um mich in dieser Stunde nützlich zu zeigen. Ich erinnerte mich an den Kleiebrei, zu dem mir die Alte geraten hatte. Im Hof hatten wir ein paar Steine, und in der Mitte eine Höhlung, in der man Feuer machte. Ich bringe Holz, entzünde das Feuer und stelle den Kessel mit Wasser darauf. Als er warm wurde, hole ich die Kleie, mache den Brei und gebe ihn der Mama Kuh, die fraß und sich daran gütlich tat. Danach tue ich etwas Wasser in eine alte Waschschüssel, die wir hatten. Ich nehme ein Tuch, tauche es ins Wasser und reibe das Kälbchen ab. Zuerst säuberte ich sein hübsches Mäulchen, das etwas Weiß zwischen seiner braunen Farbe hatte. Danach seinen Körper, zum Schluß seine Beinchen. Das lauwarme Wasser und das leichte Reiben tat ihm gut. Mama und Kind sahen mich an und ich sah sie auch glücklich an. «Bravo, das hast du gut alleine geschafft. Nur, daß du mich erschreckt hast», sage ich der Kuh.

Heute war ich sehr fröhlich; Ich hatte meinen Eltern gute Neuigkeiten mitzuteilen. Manchmal hatte ich Lust, ihnen eine Überraschung zu bereiten, indem ich Essen kochte. Jedes Mal kam Mama erschöpft vom Feld und bis sie kochte und bis wir dann aßen, verging viel Zeit. Heute hätte ich also zwei Überraschungen für sie. Ich hole die Bohnen aus einem Stoffsack, ich tue sie in den Topf mit Wasser. Das Feuer brannte draußen noch. Ich werfe etwas Holz nach und stelle den Topf darauf. Ich wußte nicht genau, wie man Bohnensuppe macht; zum ersten Mal würde ich es probieren. Ich säubere die Zwiebeln und werfe sie ganz hinein. Ich schütte sofort einiges Salz dazu. Das war der Fehler! Das Salz machte die Bohnen hart, und soviel ich sie auch kochte, sie wurden und wurden nicht weich.

Als meine Eltern am Abend zurückkamen, wischten sie sich erleichtert ihre Stirn, weil alles gutgegangen war. Das Kälbchen stand schon auf seinen Beinen.

Und danach kam die zweite Überraschung. «Thanassis, komm und sieh», ruft meine Mama, als sie den Deckel öffnete. «Eleni hat für uns gekocht!» Wir saßen am Tisch. Ich hörte ihre Lobreden voll Stolz: «Mein Mädchen ist groß geworden, heute hat sie alles gemacht.» Sie aßen ohne ihr Gesicht zu verziehen, obwohl das Essen den Namen nicht verdiente. Es war völlig versalzen, die Zwiebeln noch ganz und die Bohnen roh. Um mir einen Gefallen zu tun, leerten sie ihre ganzen Teller. Ich aß zum ersten Mal ein so fades Essen. «Schön, sehr lecker» sagen sie einander. Ich fragte mich, wie sie Geschmack daran fänden. Bis zum Morgen hatten sie je einen Krug Wasser getrunken, um es zu verdauen. Ich hörte sie in der Nacht Gluck-Gluck, wie sie tranken und noch immer sagten, wie gut es war, um mich nicht zu enttäuschen.

«Mama, ich habe gedacht, ab morgen kann ich die Kühe melken. Kannst du es mir beibringen?» Mama lachte. Sie ging mit mir zum Stall und zeigte es mir. «Du stellst den Eimer unter ihren Euter, setzt dich auf den Hocker und ziehst leicht an den Zitzen.» Der erste Unterricht war ein bißchen schwierig. Die Zitzen rutschten mir aus den Händen und gingen leer ohne Milch nach unten. Aber ich strengte mich an, es zu lernen. Als sich der Eimer mit Milch füllte, freute ich mich über meine Leistung. Nur, daß ich die Zitzen etwas zu fest zog und ein zwei Kühe nach mir traten, wenn ich ihnen weh tat. Wenn ich mit dem Eimer eintrat und sie mich sahen, wußten sie, daß ich sie melken würde und machten Muh-Muh. Als würden sie um Hilfe rufen.

Eine war sehr launisch. Sie stand nicht still und ich nahm sie immer erst zuletzt dran. Am zweiten Tag, an dem ich lernte, ging ich mit einem fast vollen Eimer Milch von den anderen Kühen zu ihr. Sie begann wieder zu treten. Als ich gerade mit ihr fertig war, schaffte ich es nicht, den Eimer wegzuziehen und sie trat hinein. Sie verschüttete die ganze Milch. Ich war sehr bekümmert, als jemand kam, um die Milch zu holen, die wir sammelten. An jenem Tag hatte ich nichts, was ich ihm geben könnte. Vom nächsten Tag an melkte ich diese Kuh zuerst. Ich hatte auch dazugelernt und sie trat mich nicht mehr.

Jetzt hatte ich noch jemanden zur Gesellschaft bekommen: Das Kälbchen. Ich führte es aus dem Stall heraus, damit es die Sonne sah, und ich saß im Hof. Wenn meine Eltern abends erschöpft früh einschliefen, wußte ich nicht, was ich tun sollte. Ich ging auf mein Zimmer und suchte eine Bechäftigung. Damals begann ich darüber nachzudenken: «Was ist Leben? Die Jahre, Monate, Tage, Stunden, die vergingen? Jeden Tag dasselbe Zeug. Aber damit war mein Leben nicht erfüllt. Ich war wie ein Schiff ohne Ruder, auf das die Wellen einschlugen, hin und her, und ich suchte einen Hafen, um mit meinen Gedanken vor Anker zu gehen. Bis jetzt hatte ich allen eine verlogene Gleichgültigkeit gezeigt, als ob ich mich an nichts erinnerte, daß es mich nicht kümmerte, während es in mir schmerzte. Damals dachte ich häufiger an meine Geschwister. Wenn wir beisammen wären, wenn wir Kontakt hätten, würde ich mich nicht so alleine fühlen. Wir würden uns unsere Gedanken anvertrauen, unsere Träume.

Aber was sollte ich jetzt sagen? Ich sprach mit mir alleine und ich antwortete wieder mir. Ich suchte einen Schuldigen für meine schlechte seelische Verfassung, in der ich mich manchmal befand, aber ich fand keinen. Wir hatten alle Recht. Meine leibliche Mutter hatte mich hergegeben, damit ich die Besatzungsjahre überlebte. Meine Geschwister waren ja auch klein und schutzlos. Meine Adoptiveltern wiederum suchten eine Aufgabe und fanden sie. Sie haben mir geboten, was sie nur konnten.
Ich aber fühlte mich einsam. Freundinnen hatte ich keine im Dorf, und die, die ich kennenlernte, durfte ich von meinem Vater aus nicht oft besuchen. «Mädchen sind für's Haus gemacht», sagte er. Meistens strich ich den ganzen Tag durch das Haus. Wie ein Vogel, den man in einen Käfig sperrt und der nach Freiheit lechzt. Niemand hatte Schuld. Vielleicht hatte auch ich Schuld, weil ich dreizehn Jahre alt wurde und so darüber dachte, vielleicht mein trauriges Schicksal. Die Jahre waren sehr schwer.

Wie an jedem Abend, räumte ich auch heute abend schon früh mein Zimmer auf und blätterte in meinen alten Büchern. Beim Lesen überfiel mich der Schlaf. Ein tiefer Schlaf mit vielen Träumen. Wer weiß, wieviele Stunden ich in derselben Stellung auf meinem Arm schlief. Er war so taub, daß, als ich mich umdrehen wollte, er wie tot auf mich fiel und ich zusammenschreckte. Mit meiner anderen Hand fasse ich die Handwurzel, und sie kam mir wie eine Schlange vor; es war warmes Fleisch und es fühlte sich nicht an, als wäre es ein Teil von mir. Ich schlug ihn gegen die Wand, um die Schlange zu töten. Nachdem ich sie oft dagegengeschlagen hatte, ließ ich sie los und wollte aufstehen. Aber sie fiel wieder leblos auf mich: Ich fasse ihn wieder an der Handwurzel und drücke sie noch fester. Ich muß sie erwürgen, dachte ich, weil sie mir wie der Kopf der Schlange erschien, und ich schlug sie weiter gegen die Wand. «Hilfe», rief ich laut.

Meine Eltern liefen erschreckt mir der hocherhobenen Lampe in der Hand herbei. «Seht ihr nicht?» sage ich zu ihnen, «ich halte eine Schlange fest.» Und ich vermied es, anzusehen, was ich hielt. «Ach, meine Tochter, du hast uns aber erschreckt. Deinen Arm hältst du.» – «Was? Meinen Arm?» Ich setzte mich auf, sehe ihn und kann nicht glauben, daß er noch immer so taub war. Sie schlugen wieder ein Kreuz über mir und legten unter mein Kopfkissen das Stückchen Brot und das Messer gegen die Angst.

Am nächsten Tag war meine Hand von den vielen Schlägen gegen die Wand angeschwollen und sie wandten wieder ihre Heilmethode an. Ein Verband darüber mit zerstampften Zwiebeln.

In diesem Haus hatten wir keinen Kamin. Wir hatten einen Ofen, der mit Holz brannte; wir nannten ihn Maschine. Daneben hatten wir einen kleinen Backofen und Mama backte oft. Am Ende des Hofes hatte mein Papa einen kleinen, hübschen und weißgekalkten Ofen gebaut.

Im Sommer hatten wir die meiste Arbeit, Vorbereitungen für den Winter und so weiter. Papa bereitete das Holz vor. Er hatte einen großen Baumstumpf im Hof stehen und er zerhackte Holz in kleine Stücke, damit sie in den

den Ofen paßten. Ich half ihm beim Hereintragen. Wir stapelten es im Lagerraum und sie waren fertig für den Winter.

Mama bereitete Trachanas und Chylopita*. Sie streute sie im Hof aus, damit sie trockneten. Dann bewahrte sie sie in Stoffsäcken für den Winter auf. Sie dickte die Milch für den Käse an, wickelte ihn in große Baumwolltücher, damit alles Wasser abtropfte, und legte ihn dann in Tonkrügen in Salzwasser ein. Ein weiterer Tonkrug diente zum Einlegen von Gemüse, das im Garten übriggeblieben war. Der Schuppen war voll mit diesen Dingen und Knoblauchzöpfen und Dörrfeigen, die aufgefädelt wurden. Einmal die Woche knetete Mama Brotteig, und zündete den Ofen im Hof an, um dort zu backen. Wie es so heiß aus dem Ofen kam, bestrichen wir es mit Butter, die wir selbst im Butterfaß schlugen, und aßen es mit Wonne.

---

* Eine Art Teigwaren aus Grieß und Schafsmilch.

13

Weihnachten nahte wieder. Ich war jetzt 14 Jahre alt. Manchmal fühlte ich mich wie ein Kind und manchmal wie eine Frau. Ich merkte, wie ich mich von Tag zu Tag veränderte, reifer wurde. Ich wurde wiedergeboren und ein Krieg spielte sich in meinem Inneren ab. Ich wußte nicht, wen ich nach verschiedenen Sachen fragen sollte, die ich erfahren wollte. Mama zu fragen hatte ich keinen Mut, meine alten Freundinnen sah ich selten. In den Nächten meiner Pubertätszeit war ich oft schlaflos, ich wälzte mich in meinem Bett umher, las und von Zeit zu Zeit stand ich auf, wanderte durch das dunkle, schlafende Haus und suchte nach etwas – ich weiß auch nicht wonach –, denn viel Interessantes gab es nicht.

Es regnete, blitzte, donnerte und es blies ein starker Wind an jenem Abend. Die Fenster knarrten, die Bäume bewegten sich heftig, als würden sie gleich entwurzelt. Wie Gespenster bewegten sich ihre Zweige in der Nacht. Sie warfen ihre Schatten in das dunkle Zimmer, wenn es blitzte. Dann spuckte ich dreimal auf meine Brust, um meine Angst zu vertreiben; so machte es Mama und ich hatte es mir auch angewöhnt.

Die Katzen gingen vor Angst miauend aus und ein. Ihre Augen leuchteten in der Dunkelheit. Waren die Seelen wiederauferstanden, um wieder Luft zu werden und so stark zu wehen? Wollten sie sich an einem solchen Abend wieder erheben? Ich fürchtete mich. Ich drehe das Licht der

Lampe hoch und renne in Mamas Zimmer: «Mama, ich habe Angst.» – «Wovor hast du Angst, meine Tochter?» – «Vor allem habe ich Angst, sogar vor meinem Schatten.»

Der Briefträger kam wieder und brachte einen Brief vom Cousin Manolis, und wie gewöhnlich saßen meine Eltern mir gegenüber, um zu hören, was er schrieb. Er teilte uns mit, daß er Urlaub bekommen hatte und daß er kommen werde, um die Feiertage mit uns zu verbringen.

Wir freuten uns alle und begannen mit den Vorbereitungen. Tage vorher schon wurden die Brote, die Kringel und das Saraili gebacken. Das Haus duftete nach Zimt und Nelken.

Der langersehnte Tag kam. Er kam zum ersten Mal ins Dorf und fragte nach dem Haus. Einige Neugierige kamen heraus, um zu sehen, wer käme. «Wer das wohl ist?» fragte einer den anderen. «Unser Neffe», ruft mein Papa, damit die Neugierigen sich beruhigten. Willkommensgrüße, Umarmungen mit der Tante und dem Onkel und er steht vor mir. «Eleni? Wie hast du dich verändert, meine Güte! Du bist so gewachsen in zwei Jahren. Du bist ja ein richtiges junges Mädchen geworden.» Ich wußte nichts zu sagen und war stolz wie eine orientalische Braut. Ich wußte nicht, wie ich mich verhalten sollte. Als wäre ich groß und ernsthaft oder als wäre ich die kleine Cousine?

Wir saßen uns am Tisch gegenüber. das Essen dampfte noch auf den Tellern. Er sah mich an, ich sah ihn an und war verlegen. Ich wußte nicht, was ich tun sollte. Ich legte meine Hände mal hierhin, mal dorthin; ich wußte nicht, was ich tat. Bis ich mein Bein unter den Tisch strecke und ihn an sein Bein lehne. Unter dem Tisch konnte uns wenigstens niemand sehen. Er wollte gerade einen Bissen zu seinem Mund führen, als ich mein Bein plötzlich hochhob und auch seines am Hosenrand mithob. Er sah mich mit einem lächelnden Gesicht an und riß sich zusammen, um nicht zu lachen. Ich blieb die ganze Zeit ernst, als wäre nichts geschehen, wie ich es in der Schule bei meinen Streichen gemacht hatte. Ich fuhr fort, mit seinem Bein zu spielen, bis er sich nicht mehr halten konnte und in Lachen ausbrach, weil es ihn an seinen Beinen kitzelte.

Meine Eltern guckten sich verwundert über das plötzliche Lachen an. Sie verstanden nicht, wieso genau er lachte, weil ich ungerührt mein Essen aß. Meine Mama versetzt mir einen Tritt auf die Füße, als würde sie den Braten riechen, und da mußte auch ich lachen. Jetzt sah mich Papa an und versuchte sich zu erinnern, ob vorher ein Witz gemacht worden war, daß wir so lachen mußten.

Mama steht auf und geht in die Küche. «Eleni», ruft sie, «bring den Krug mit Wasser.» – «Oh, sie wird mit mir schimpfen», dachte ich. «Es ist noch Wasser drin, Mama.» – «Bring ihn, wir füllen frisches ein.» Ich nehme ihn und gehe in die Küche. Bestimmt würde es Mama leid um den Krug tun und ihn mir nicht über den Schädel ziehen. «Also, schämst du dich nicht? Was suchen deine Ziegenbeine bei Manolis? Störe den Jungen nicht wieder, du Nichtsnutz!» – «Der arme Junge, wir wollen deinen Neffen doch nicht belästigen», sage ich ihr und gehe schnell aus der Küche, um mir nicht eine zu fangen.

Bald, als mein Cousin hinausging, sagt Papa: «Er ist ein guter Junge, dein Neffe, Dimitria, aber wieso lacht er so, ohne Grund?» – «So ist die Jugend, mein Thanassis. Und hat deine Tochter nicht gelacht?» – «Ja, aber sie ist klein.» – «Klein, aber wahre Wunder wirkend.» Mein Vater lachte, als sie etwas über seine Tochter sagte. «Du ungezogenes Mädchen», sagt mir mein Cousin, sobald er mich alleine erwischt, «du hättet mich fast vor deinem Vater blamiert mit meinem Lachen.» – «Weißt du, ich habe lange nicht mehr gespielt, eingeschlossen, wie ich hier bin, und ich wollte mich etwas unterhalten.»

Die Tage vergingen, einer schöner als der andere. Die Männer gingen ins Kafenio, das auf dem Dorfplatz war. Am Abend feierten wir im Haus. Mein Vater trank seinen Uso und begann seine Rembetikalieder. Dimitria stimmte mit ein und er tanzte. Als er in Laune kam, rief er: «Los, ich bin König, Ministerpräsident. Heute gibt es niemanden über mir. Ist es nicht so, Neffe?» – «Genau», sagte auch Manolis, um ihn in Stimmung zu bringen. Das heißt «Alle Esel fliegen hoooch!» – «Alle fliegen hoooch», mußten wir sagen, wenn er betrunken war. Wenn wir «nein» sagten, mußte er bis zum Morgen erklären, wieso sie nicht fliegen. Und das war es, womit er uns dazu brachte, immer «ja» zu sagen.

Hier im Dorf hatten ihn endlich alle kennengelernt und niemand wunderte sich. «Thanassis feiert wieder», sagten sie. «He, Dorfleute, feiert», sagte er ihnen. «Das Leben ist kurz. Unser Gut und Habe gehört auf der Erde und wird auch dort bleiben».

Neujahr kam, 1953 begann. «Jemand muß uns Podariko machen», sagt Papa, der an dem Brauch festhielt. «Dimitria, bereite ein paar Leckerbissen vor. Gleich kommt jemand für den Podariko.» Er geht in den Hof hinaus, betritt den Stall und bringt das Kälbchen. «Komm, Canım, mein Schatz, hab keine Angst, mit dem rechten Fuß». Es hatte Angst, es trat nicht hinein. Er geht von hinten heran, schubst es und, ob es wollte oder nicht, befand es sich im Wohnzimmer. Wir applaudieren und streicheln es. Wir gaben ihm die Leckereien. Dann machte es uns den Boden voll und ging hinaus. Mama rief: «Es hat die Flickenteppiche naßgemacht.» «Das macht nichts, das bringt Glück», sagte Papa und wir mußten lachen.

Der Tag kam schnell, an dem sich Manolis von uns verabschiedet und geht. Dieses Mal küßte er mich nicht wie ein Cousinchen. Er drückte mir nur die Hand etwas fester und ging.

Bald kam sein erster Brief. Sie saßen bei mir und hörten mir zu: «Zuerst möchte ich nach eurer Gesundheit fragen usw. Die Tage bei euch werden mir unvergeßlich bleiben.» Bis hierher las ich ihnen alles richtig vor. Danach schrieb er etwas über mich. Ich konnte allerdings das Folgende nicht laut lesen und begann zu buchstabieren und mich zu verheddern. «Lies, meine Tochter», ruft Papa. «Auf was für eine Schule haben wir dich geschickt, daß du einen Brief nicht lesen kannst?» Meine Augen glitten weiter, um etwas anderes zu finden, um es ihnen vorzulesen und sie zufriedenzustellen. Nichts, ich wußte nichts mehr zu sagen. «Gib es her», sagt Papa, «ich gehe zum Nachbarn, damit er es mir vorliest, wenn du schon die Schrift nicht lesen kannst.» «Gib ihn schon her, jetzt weiß ich, was er schreibt», und ich beginne Worte zu erfinden. Ich sagte eine Reihe Dinge über sie, sie waren zufrieden und beruhigten sich.

Sie beruhigten sich. Aber ich war in Aufruhr. Was sagt er? Er wird seine Mutter schicken, damit sie um meine Hand bittet? Sind wir jetzt so weit? Ich verstecke den Brief und spiele die Ahnungslose. Aber ich fühlte mich geschmeichelt. Ich fühlte mich erwachsen und stark.

Es verging kein Monat, da kommt ein anderer Brief; diesmal von seiner Mutter. «Liebe Cousine, mein Sohn will deine Tochter. Wenn ihr keine Einwände habt, will ich kommen, um es abzumachen. Schreibt mir, ob ihr annehmt, damit ich mit meiner Schwester komme. Ich küsse dich, deine Cousine Athanassia.» Wir antworteten: «Ja, kommt doch, wir freuen uns sehr. Ich will euch auch sehr gern kennenlernen. Laßt uns auch über unsere Heimat sprechen.»

Wieder begannen die Vorbereitungen. Zuerst Großreinemachen im Haus, danach die Gerichte aus Smyrna. Die Nachbarschaft duftete. Zum Schluß wurde auch der Gries-Chalva gemacht. Mein Papa ging bis zur Hauptstraße, um sie zu erwarten, damit sie nicht das Haus suchen müßten. Mama geht ein und aus und bringt dieses und jenes in Ordnung. Man sah die drei von weitem sich nähern. Wir gingen hinaus, Umarmungen, Küsse, Freudentränen, Tränen der Rührung, ihre Kinnläden schlugen aufeinander und man hörte ein Krack, Krack von den aufeinanderschlagenden Zähnen. Danach holten sie ihre

Taschentücher heraus, wischten ihre Augen und Nasen. Plötzlich sagt mein Vater scherzhaft: «Dimitria, langsam, schluck dein Gebiß nicht hinunter. Ich ziehe nur Zähne, Gebisse stelle ich nicht her.»

Wir saßen alle beisammen und die Unterhaltung wurde sehr interessant. Sie sprachen über die Vertreibung und über die Schönheit ihrer Heimat. Sie besaßen alle Landgüter; sie waren reich. Vor der Flucht vergruben sie ihre Goldmünzen und den Schmuck, in der Hoffnung, daß sie einmal zurückkehren würden, um sie auszugraben. Das blieb jetzt ein unerfüllbarer Traum. Zum Glück sprachen sie darüber und vergaßen ihren Schmerz. Ich gehe aus und ein, und meine Tanten betrachteten mich die ganze Zeit. Sobald ich hinausging, sagten sie etwas im Flüsterton, sobald ich hereinkam, wechselten sie das Gesprächsthema. Nachdem wir am frühen Abend mit dem Essen fertig waren, sagt mir Mama: «Los, es ist spät, geh schlafen.» Aber sie diskutierten bis spät, während ich einschlief.

Am nächsten Tag, nach dem morgendlichen Trachanas, sagt mir mein Vater: «Eleni, komm, küß die Hand deiner Schwiegermutter, wir haben dich Manolis versprochen.» Manolis war kilometerweit weg, als meine Schwiegermutter mit diesem Wort ein goldenes Kreuz um meinen Hals hängte. Ich wußte nicht, was ich sagen sollte, was sagt man in einer solchen Stunde? Mir verschlug es die Sprache. So jung und unerfahren wie ich war. Ich sagte nichts, erst als sie mir alles Gute zur Hochzeit wünschten, küßte ich ihnen allen die Hände, das verlangt der Respekt.

Mama geht hinaus und bereitet das Tablett zum Bewirten für die Glückwünsche vor, und ich renne hinter ihr her. «Mama, wieso hast du mir nichts gesagt?» – «Was soll ich dir sagen, meine Tochter? Diese Angelegenheiten regeln die Eltern.» – «Habt ihr auch über die Mitgift gesprochen?» – «Was auch immer wir haben, wirst du bekommen, weil wir dich als einziges Kind haben.» – «Mama», tat ich unwissend, «hast du mir nicht gesagt, daß Cousins nicht heiraten, ist es eine Sünde?» Mama erstickte fast, als sie das hörte. Sie hatte sich etwas Chalvas in den Mund gesteckt, um es zu probieren und meine Frage saß. Was sollte sie jetzt sagen? Sie druckste herum: «Ja, sicher, das geht nicht, aber sieh, bei dir geht es. Also, wie soll ich es dir sagen, meine Tochter? Bei entfernten Cousins geht das. Hast du verstanden?» – «Ja, Mama, ich habe verstanden. Bei mir und Manolis geht das, daß wir heiraten.»

Ich war erst fünfzehn Jahre, und wenn sie mich in diesem Moment gebeten hätten, Tseliki* zu spielen, hätte ich das wunderbar geschafft, aber eine Heirat? Was sollte ich sagen? Jetzt, da wir darüber sprachen, war mir Manolis auch nicht gleichgültig. Da die Sitten so waren, war es mir so ganz recht.

Ich wußte es zwar. Manolis schrieb es mir. Ich konnte ihnen den Brief nicht laut vorlesen, ich spielte die Ahnungslose. Nachdem sie es mir nicht erklärten, was sollte ich da sagen? Das Wichtigste war, das ich den Cousin sehr mochte und das erfüllte mich mit Freude.

---

* Kinderspiel, das mit zwei Holzstäben unterschiedlicher Größe im Freien gespielt wird.

Wir fuhren nach Katerini und machten im Park einen Spaziergang. Da ist der blinde Anagnostis am Parktor. Wir redeten mit ihm, er erkennt uns an der Stimme und er grüßt uns, als er uns hört. Alte Nachbarn vergessen sich nicht. Wir gehen weiter hinein. Ach, da ist auch Barba-Damianos mit seinem aufgestellten Fotoapparat. «Damianos, mach ein Foto von uns mit der Schwippschwägerin!» – «Die Schwippschwägerin?» wundert sich Barba-Damianos. «Deine Tochter ist noch nicht fünfzehn, wann hast du das geschafft?» – «Ich habe es eilig, Großvater zu werden.» Er stellt uns in eine Reihe und alle fünf in Hab-Acht-Stellung. Ich hielt meine beiden Tanten untergehakt. «Ihr kennt es: Wenn ihr euch bewegt, kommt ihr als Esel heraus.» – «Das wissen wir», sage ich zu ihm. «Ich glaube das jetzt nicht mehr.»

Als sie den Zug bestiegen, um abzufahren, sagten sie uns: «Jetzt warten wir, daß ihr kommt.» Ich wußte manchmal nicht, wie mir geschah. Manchmal wollte ich spielen und wahre Geschichten hören. Ich vergaß mich mit den Katzen, dem Hund, und rannte über unseren großen Hof, und meine Mama rief: «Eleni, bleib ernst. In etwa zwei Monaten kommt dein Verlobter.» Sie bereitete für mich einige damenhafte Kleidungsstükke, feine Strümpfe und Schuhe mit Absatz. «Wie soll ich mit so hohem Absatz gehen?» – «Du wirst dich daran gewöhnen. Du bist jetzt groß.»

Die Briefe von meinem Verlobten kamen und sie setzten sich als erste hin, um sie zu hören. Ich verfolgte immer dieselbe Taktik und las ihnen nur das vor, was ich wollte und das, was sie zufriedenstellte.

14

Die Stunde kam, in der der Verlobte eintraf. Jetzt schämte ich mich noch mehr vor ihm als vorher als Cousinchen. Mama gab mir das Tablett in die Hand und gab mir von hinten einen Stoß, weil ich zögerte, alleine den Saal zu betreten. Das Tablett zitterte in meinen Händen und die Gläser tanzten. Ich wußte nicht, was ich wollte. Alles störte mich, sogar meine eigenen Zöpfe. Ich saß ihm mit gesenktem Blick gegenüber und spielte mit meinen Zöpfen herum. Ich zog an ihnen, aber sie hielten mich zum besten, sie sagten mir nicht: «Beruhig dich, du wirst dich daran gewöhnen, so ist es immer am Anfang.»

Mein Vater wendet sich zu mir und sagt, daß ich eine Schüssel mit Wasser bringen soll, um die Füße des Bräutigams zu waschen. So wollte es der Brauch. Mama wusch Papa immer noch die Füße. Ich erschrak bei diesem Gedanken, murmele etwas in mich hinein und tue so, als würde ich nicht verstehen.

«Nein, nein, um Gottes willen» sagt Manolis, «wenn ich sie mir waschen will, werde ich sie mir selber waschen.» – «Oh, er hat gute Ansichten» dachte ich. Der nächste Tag war ein Sonntag. Ich ziehe mein neues Kostüm an, die feinen Strümpfe, die Schuhe mit dem Absatz, flechte meine Zöpfe lang und gehe geradewegs zum Spiegel. Ich mußte über mich lachen, weil ich mich selber nicht erkannte. Ich war lächerlich. Sag mir, mein Spieglein, bin das ich? Wie groß ich geworden bin! In dem erwachsenen Kleid, das ich trug, bemerkte ich es jetzt. Ich streckte meine Brust etwas vor dem Spiegel, ich versuchte zu gehen und stolperte bei jedem Schritt.

«Los, mein Kind» ruft Mama, «wann sollen wir in die Kirche gehen? Wenn sie vorbei ist?» – «Mama, mit diesen Schuhen komme ich unmöglich bis zur Kirche, ich werde hinfallen.» – «Daran wirst du dich gewöhnen.» Ich gehe hinaus, der Bräutigam macht ein Kompliment. Mein Vater stimmt in seine Bewunderung ein: «Oh, ich sehe, daß unsere kleine Tochter ein Mädchen geworden ist und Achtung verdient. Schwiegersohn, damit wir uns richtig verstehen, so lange ihr verlobt seid, werdet ihr nicht alleine ausgehen. Freiheit gibt es erst nach der Hochzeit. Solche Sperenzchen wie sie manche machen gefallen mir nicht.»

Bis wir die Kirche erreichen, stolperte ich wer weiß wie oft. Wenn ich mich nicht an meiner Mutter festgehalten hätte, wäre ich sicher hingefallen. Einige im Dorf gingen nicht in die Kirche, um zu beten, sondern um etwas besonderes zu sehen, damit sie nachher etwas zu erzählen hatten. An jenem Tag waren wir der Grund. «Das ist der Bräutigam.» So stieß der eine den anderen an und sie zeigten auf uns.

Nach dem Mittagessen schlägt der Bräutigam vor, ins Kino zu gehen. Ich freute mich, weil ich das erste Mal hingehen würde. «Laßt uns hingehen, mein Kind», sagt mein Vater und steht als Erster auf. Wir vier ziehen uns an und fahren vom Dorf herunter nach Katerini. Wir gehen ins Kino, setzen uns auf unsere Sitze und bald darauf gehen die Lichter aus. Wir sahen etwas Werbung und dann begann der

Film. Ein Ehepaar hat eine Tochter, die sich in jemanden verliebt. Ich mache es mir im Stuhl bequem und widme mich ganz dem Film; er gefällt mir sehr. Alles ist ruhig, man hört nur das Knacken der Kerne, die jemand ißt. Das Paar im Film begegnete sich plötzlich und sie gaben sich ihren ersten Kuß. Als mein Vater das sieht, steht er plötzlich auf und ruft uns alle, daß wir gehen sollten: «Geh'n wir, sollen wir uns diesen Mist ansehen?» – «Wieso, lieber Papa, er ist schön.» – «Steh auf, sage ich dir.» Alle drehen sich um, sie sehen uns an. Wir suchen in der Dunkelheit die Tür und gehen hinaus. Wir stießen ein paar Hereinkommende an und die grelle Linse blendete uns. Papa ging vorneweg und wir hinterdrein. Manolis folgte uns und wunderte sich, was er wohl unanständiges gesehen hätte, weswegen wir gehen mußten. «Das ist nichts für euch», sagt er uns. «Wir gehen besser in eine Konditorei und essen etwas Süßes.»

Ich war schlecht gelaunt und stolperte bei jedem Schritt. Ich verfluchte meine Absätze, alles störte mich. Aber was sollte ich sagen? Sein Wort war Befehl. Ich streite mich mit Mama. «Psst, sei still», sagt sie mir, «sonst hört er dich. Wenn ihr heiratet, geht ihr hin, wohin ihr wollt. Hab Geduld», fährt Mama fort. «Habe ich dir nicht gesagt, daß du mit Geduld alles im Leben erträgst? Steter Tropfen höhlt den Stein.» – «Was erzählst du mir, liebe Mama? Das hast du mir schon einmal gesagt. Wenn es dauernd auf Fels oder Marmor tropft, entsteht mit der Zeit ein Loch. Heißt das, daß Wasser stärker ist als Stein?» – «Hast du mich wieder nicht verstanden, meine Tochter? Auch die Schwachen gewinnen durch ihre Beharrlichkeit.»

Im nächsten Sommer erhielten wir einen Brief von meiner Schwiegermutter. Sie schrieb, wir sollten sie besuchen kommen. Wenn wir schon nicht alle könnten, sollten sie wenigstens mich schicken. Da wir nicht alle das Haus verlassen konnten, blieb Mama, um sich um die Tiere zu kümmern, und mein Papa und ich brachen nach Ptolemaida auf, einem Städtchen bei Kosani. Obwohl mein Verlobter nicht in Kosani war, weil er in einer anderen Stadt arbeitete, ließ mich mein Vater nicht alleine fahren. Damals brauchte man für die Fahrt von Katerini bis Kosani acht Stunden mit dem Zug. Ich zählte die Tunnel, durch die wir hindurchfuhren. Ich bewunderte den See von Arnissa, und sogar die verdorrten Bäume. Mir gefiel das alles und an jeder Station beguckte ich die Leute, die ein und ausstiegen. Aus verschiedenen Dörfern stiegen Leute mit ihren Körben ein, mit lebenden Hühnern, die die ganze Fahrt lang gackerten, mit festgebundenen Beinen. Sie hatten sogar ein Ferkel im Waggon. Es war viel los; ich konnte mich nicht sattsehen an den Fahrgästen, die kamen und gingen. Mein Vater saß mir am Fenster gegenüber und rauchte eine Zigarette nach der anderen. Er drehte den Tabak selbst, den er immer bei sich trug, aus seiner eigenen Produktion.

Am Bahnhof erwartete mich mein Schwager mit dem Karren. Wir stiegen auf. Auf dem Weg nach Hause erklärte und zeigte er uns einiges. Auch hier waren alle Bauern. Sie bearbeiteten ihre Felder mit Eifer; es waren lebhafte und fröhliche Menschen. Trockengestelle mit Tabak waren überall in der Sonne aufgestellt und die Leute reihten sie auf, während sie sich Witze erzählten unter ihren Schutzdächern. Die Weinberge hingen voller Trauben und aus dem Most machten sie Wein und Weinschnaps.

Alle erwarteten uns mit Freuden, und ich und die Schwägerin freundeten uns miteinander an. Ich trug noch mein Kleidchen mit den weiten Ärmeln, und mit den Zöpfen dazu sah ich noch jünger aus, obwohl ich jetzt sechzehn Jahre alt war.

Wir gingen zusammen zur Weinlese. Wir pflückten die Weintrauben, füllten den Korb und warfen sie danach oben auf den Karren, auf dem eine größere Kiepe stand. Im Hof des Hauses war ein großes Wasserbassin aus Zement und dort hinein warfen wir die Trauben. Der folgende Tag war der unterhaltsamste. Wir wuschen unsere Füße, die Männer krempelten ihre Hosen bis zu den Knien hoch und wir zerstampften die Trauben in der Weinpresse. Unten an der Seite hatte sie ein Loch im Zement, aus der der Most in mehrere Behälter floß, von denen sie in Fässer gefüllt wurden. Die Reste der Trauben, den Trester, machten sie später zu Weinschnaps.

Wo immer man hinging, sah man dasselbe Schauspiel. Sie stampften, kosteten, gaben auch uns zu probieren, und mein Vater hatte seine heilige Freude daran, überall vom Weinschnaps zu probieren. Als wir mit dem Stampfen der Trauben fertig waren, sagt mein Vater: «Los, geht und helft der Nachbarin. Das sind nur zwei Leute, und sie schaffen es nicht alleine.» Wir gehen, waschen unsere Füße mit dem Schlauch und traten tanzend in die Weinpresse. Wir rissen

Witze und hüpften schneller und je mehr wir traten, desto mehr Most kam heraus. Bald kam ein älterer Nachbar. «Braucht ihr Hilfe?» fragt er. Er zieht seine Strümpfe aus, krempelt seine Hose hoch und springt hinein, ohne seine Füße zu waschen. «He, hast du deine Füße gewaschen?» frage ich ihn. – «Sie sind sauber, ich wasche sie gewöhnlich nach dem Stampfen.» Und er hatte so schiefe O-Beine. Die Waden zeigten nach aussen und kamen mir komisch vor. Sein Schnurrbart war ziemlich groß. Er zwirbelte ihn andauernd und er bog sich nach oben.

Die Gläser standen auf dem Zement. Wer vorüberkam, trank aus einem und kostete. «Also, wie können sie es trinken, wo sie uns doch treten sehen? Ekeln sie sich nicht?» flüstere ich meiner Schwägerin ins Ohr. «Ach, nein, wo sie doch alle so stampfen. Weißt du, was Herr Joakim in Thessaloniki im Sommer gemacht hat, damit die Milch in der Hitze nicht verdarb, bis sie am Morgen zum Verkauf abgeholt wurde? Er warf am Abend einige Frösche in die Milch. Die schwammen dort die ganze Nacht und durch ihr Treten verdarb die Milch nicht. Am Morgen holte er sie aus der Milch und setzte sie ins Wasser. So geschah da den ganzen Sommer und alle wunderten sich, daß seine Milch nie verdarb.»

Wir redeten viel, lachten, wurden müde und stiegen heraus, um zu gehen. Wir waschen unsere Füße, ziehen die Überschuhe an und sie füllen uns die Gläser mit Most, damit wir kosteten. Ich weigerte mich auf jede erdenkliche Weise. – «Oh, junge Braut, jetzt beleidigst du uns. Willst du unseren Most nicht probieren?» Weder das «Vielen

Dank» noch sonst irgendetwas rührte sie. «Komm, trink es» sagt meine Schwägerin, die mittlerweile ihr Glas geleert hatte. Ich hebe es hoch, setze es an die Lippen, und sah die beiden Füße des Nachbarn im Glas schwimmen. Zum Schluß sah ich einen Frosch, der vom Boden des Glases hochrutschte und leicht durch meinen Hals glitt.

Ich gebe ihnen schnell das Glas, wir verabschieden uns und wir sind gerade um die Ecke gebogen, als das Unterste zuoberst kam. Der Frosch suchte sich einen Weg durch die Beine des Nachbarn und durch meine Kehle und versuchte, herauszukommen. Ich konnte mich nicht mehr halten. Ich gab alles von mir und erleichterte mich. Was Most angeht, den habe ich nie wieder probiert und es sieht nicht danach aus, als würde ich ihn je wieder probieren.

Meine Schwiegermutter hatte zwei Körbe von den besten Weintrauben fertig gemacht, um sie als Frachtgut mit dem Zug zu schicken, einen meiner Mutter und einen meinem Verlobten. Meine Schwägerin nimmt den Esel der Nachbarin, der schreckhaft und knochendürr war, und spannt ihn vor den kleinen Karren. Wir stellen die Körbe mit den Trauben darauf, um die wir provisorisch Stoff genäht hatten. Wir beide steigen auch auf und machen uns auf den Weg zum Bahnhof, um die Trauben abzuschicken.

Wir sind fast dort, als wir einen Bahnangestellten sehen, und ich sage meiner Schwägerin, daß sie den Karren anhalten soll, um zu fragen, wieviel sie pro Kilo Frachtgut verlangen, um zu sehen, ob uns das Geld reichen würde, das wir bei uns hatten. Sie zieht am Zügel des Esels, ruft: «Brrr!» und hält ihn an. Ich fange irgendwie an zu rufen, damit er mich hört, weil er ein Stück weit weg war: «Mein Herr, wieviel kostet Frachtgut für Trauben?» Der Esel erschrickt, er macht eine Kehrtwendung und rennt wie besessen davon. Der Mann blieb mit geöffnetem Mund stehen. Dann lacht er, während wir auf dem Weg davoneilen. «He, halte ihn an», rufe ich ihr zu. «Halte dich fest», erwidert sie mir, «wenn er sich erschreckt hat, ist er nicht mehr zu halten.» – «Brr, Brrr», sie zog am Zügel, er reagiert nicht und läuft weiter. Der Weg war voller Schlaglöcher und unsere Hintern wurden auf dem Karren durchgerüttelt. Ich mußte mich gut festhalten, um nicht hinunterzufallen, und ich schaffte es nicht, den Korb festzuhalten, als ich sah, wie er hinunterpurzelte und hinfiel und den Feldweg mit Trauben füllte. Vielleicht kommt jemand vorbei, um sie zu zerstampfen und Most daraus zu machen, damit die Erde sich betrinkt, dachte ich, und ich hielt mich weiter fest, so gut ich konnte. Der Esel blieb keuchend genau vor seiner Tür stehen. Ich hatte nicht genau mitbekommen, was passiert war, und wir kamen mit einem Korb hinten wieder zurück. Wir stiegen ab und hielten unsere schmerzenden Stellen. Meine Schwiegermutter kommt heran, die sich wunderte, wie schnell wir zurück waren, und sie fragt ahnungslos: «Ach, habt ihr nur den einen Korb geschickt?» – «Ja, der andere ist zu Most geworden.» Dann erklärten wir es ihr. «Ohje, gut, daß der Verfluchte euch nicht abgeworfen hat; wen kümmern schon die Trauben?»

Ich verbrachte einen der schönsten Sommer bei ihnen. Auch Manolis kam für einige Tage und nahm uns auf ein Fußballspiel mit. Er hatte einen Fußballwahn. Er fixierte seinen Blick darauf und sah niemanden und nichts anderes als den Ball, der sich von einer Ecke in die andere bewegte. Manolis bewegte seine Füße entsprechend der Lage. Er gibt uns ein Tütchen mit Körnern zum Knabbern. Plötzlich hören wir, wie er sich bei dem Mann vor ihm entschuldigt, weil er ihm aus Versehen einen Tritt gegeben hatte, als seine Mannschaft ein Tor schoß. «Wieso trittst du mit deinen Füßen», frage ich ihn, «spielst denn du?» – «Ich fühle es, ich lebe mit, und die Füße bewegen sich von alleine.»

Wir waren in einem wirklich verrückten Alter. Mit meiner Schwägerin lachte ich über die dümmste Kleinigkeit, über die Alte, die Pumphosen trug und kaum Griechisch sprach. Sie wollte uns sagen, daß Papagos gestorben war, und sagte Pa-Pa-Pa und ich verstand, daß der Pope gestorben sei.

Der Tag kam, an dem ich mit meinem Papa abfuhr. «Und jetzt, Schwippschwägerin, endlich bis zu ihrer Hochzeit.» Unsere Mama erwartete uns sehnlichst. Wir hatten ihr sehr gefehlt. Sie hatte die ganze Zeit, die wir weg waren, alleine ausgehalten. Ab dann begannen die Vorbereitungen für unsere Hochzeit, die wir auf den zweiten Weihnachtstag 1955 festgesetzt hatten.

15

Mich begannen die Zweifel zu plagen. Ich würde Braut sein, ohne daß auch nur einer meiner Familie bei mir wäre. Das gefiel mir nicht. Ich strengte meinen Verstand an, um eine Lösung zu finden. Jetzt brauchte ich sie mehr als irgendwann sonst.

In einer Nacht machte ich kein Auge zu. Ich überlegte, wie ich sie finden könnte, was ich machen könnte, um sie zu meiner Hochzeit einzuladen.

Am Morgen sage ich ihnen: «Ich gehe zu einer Freundin von mir; ich nehme ein Stickmuster mit.» Ich fahre nach Katerini hinunter, schlage den Weg zu dem Haus ein, in dem sie einmal gelebt hatten, hinter der Kirche. Ich komme an, sehe das Haus und mein Herz schlug heftig, wie die Glocke, die diese Stunde schlug. An genau diesem Fenster weinte ich einen Tag lang sehr, damals, als ich sie verlor. Ich fasse mir ein Herz. Ich werde überall fragen, um sie zu finden, irgendwer wird sich an sie erinnern.

Ich trete in den Hof, unbekannte Leute saßen dort. «Entschuldigen Sie, können Sie mir vielleicht weiterhelfen? Vor einigen Jahren wohnte in diesem Haus eine Witwe mit ihren Kindern, die dann nach Thessaloniki zog. Hat sie vielleicht bei irgendwem ihre Adresse hinterlassen?» – «Das wissen wir nicht; wir wohnen hier auch nur auf Miete; aber fragen Sie die Nachbarin. Es ist ihr eigenes Haus, und vielleicht erinnert sie sich an sie.»

Ich klopfe an die Tür der Nachbarin. «Ach, natürlich erinnere ich mich an die Frau, aber ich habe keine Adresse. Du kannst aber die alte Frau fragen, dort im dritten Haus. Siehst du es? Ich glaube, sie sind irgendwie verwandt, vielleicht weiß sie es.»

Ich gehe zum dritten Haus. Ich betrete den Hof, wo eine schwarzgekleidete Frau um diese Uhrzeit strickte, während sich neben ihr eine Katze ausgestreckt hatte. Ich grüße sie und frage sie sofort, ob sie die Witwe Barbara kenne. «Ja, wer bist du denn?» fragt sie mich. «Ich... ich, wie soll ich dir das jetzt sagen, ich bin eine Nichte von ihr, die sie sehen will.» – «Wie heißt du, mein Mädchen?» – «Eleni», sage ich ihr. – «Ach, Eleni, du bist ja ein Fräulein geworden.» Sie küßte mich und fuhr fort: «Wir sind mit Barbara, die immer um dich weinte, durch Patenschaft verwandt geworden. Natürlich, ich habe ihre Adresse in Thessaloniki. Sie hat mich zur Hochzeit ihrer Tochter Angeliki eingeladen, aber ich konnte nicht hingehen.»

Sie bringt eine Schachtel voller Briefe, alle ihre Korrespondenz. «Dadrin wirst du es finden, such mal», sagt sie mir. Ich wühle sie alle durch und siehe da! Der kostbare Umschlag mit der Adresse. Ich nehme ihn, danke ihr und gehe. Das war mein erstes Hochzeitsgeschenk. Jetzt war das größere Problem, wie ich es meinem Papa sagen würde.

Jeden Tag, der verstrich, sagte ich: «Ich werde es morgen sagen.» Ich wartete auf die Gelegenheit, ihn gutgelaunt anzutreffen, und die Zeit verstrich.

Mein Papa lachte heute seit dem Morgen, er war in Stimmung. In etwa einem Monat würde er Schwiegervater werden. Heute also war die Gelegenheit. Ich nahm allen meinen Mut zusammen, schluckte ein paar Mal hinunter und sagte ihm: «Papa, was würdest du dazu sagen, wenn wir zu meiner Hochzeit auch meine Tante Barbara einladen würden?» Er war überrascht, er sah mich irgendwie merkwürdig an, eine solche Frage hätte er sicher nicht erwartet. Er blickte mich böse an und sagte: «Pah, wieso hast du dich jetzt an diese Tante erinnert? Ich habe ihr gesagt, daß ich sie alle nicht sehen will.» – «Aber ich will sie», sage ich ihm. «Was willst du jetzt mit ihnen? Sie werden uns alles auf den Kopf stellen; außerdem haben wir ihre Adresse nicht.» – «Ich habe sie», sage ich ihm. Er sah mich zweifelnd an: «Wo hast du sie her? Ich sehe, du hast dich vorbereitet.» – «Papa, ich bin jetzt groß und ich bitte dich um einen Gefallen; ich werde sehr traurig sein, wenn du ablehnst.»

Vielleicht hatte er verstanden, daß ich wußte, daß sie nicht meine Tante war; aber er fragte nichts; auch ich sagte nichts, wir sahen uns nur an. Er antwortete nicht sofort; er dachte darüber nach und am anderen Tag sagt er mir: «Gut, meine Tochter, da du sie so sehr willst, lade sie ein!» Ich schreibe ihnen voller Freude und lade sie zu meiner Hochzeit ein.

Der Tag rückte näher und es fraß in mir. Ob sie wohl meinen Brief erhalten hatten? Würden sie kommen?

Es war Heiligabend, als der Bräutigam mit seiner Mutter und seinen Geschwistern aus Kosani kam. Sie brachten Krüge voller Wein und Uso für das Hochzeitsfest. Manolis war immer fröhlich, kräftig gebaut, und immer wenn wir zusammenstießen, wurde er rot bis über die Ohren. Jetzt fühlte ich Sicherheit in seiner Nähe. Ich freute mich, daß ich mein Leben an einen Menschen band, den ich wollte und den ich mochte. Wir würden ein schönes Häuschen bauen und würden in Freud und Leid beisammen sein. Jetzt hätte ich einen Menschen, mit dem ich ohne Angst über meine Familie reden könnte.

Die Vorbereitungen, das Essen und das Feiern begannen zwei Tage vor der Hochzeit. Verwandte und Bekannte schickten die Geschenke. Meine Mama und ich waren unentwegt auf den Beinen, um die Leute zu versorgen, das Brautkleid fertigzustellen, das Konfekt und verschiedene Vorspeisen. Am Abend, nach der Hochzeit, würden wir im Haus feiern.

Der zweite Weihnachtstag brach heran. Der Nachmittag würde die Krönung sein und noch war niemand von meiner Familie erschienen. Ich ging aus und ein, und meine Augen waren auf die Straße geheftet. Mach schnell, mein Gott, ich halte es nicht mehr aus, auf sie zu warten, ich habe all die Jahre so viel auf sie gewartet. Enttäusche mich nicht am schönsten Tag in meinem Leben!

Und da waren sie! Sie erschienen an der Straßenbiegung und nähern sich unserem Haus. «Sie kommen», rufe ich und stürze mit eiligen Schritten hinaus, als wollte ich sie einholen, damit sie mir nicht wieder davonliefen.

Mein Bruder, schon ein Mann, mit seiner Frau und ihren zwei kleinen Kindern. Meine große Schwester, die mir die Stoffpuppe genäht hatte, auch sie verheiratet. Die dritte in der Reihenfolge, Athanassia, die rothaarige, ein hübsches Mädchen, die ich an ihrer Haarfarbe erkannte, als ich sie sah. Als allerletzte folgt meine Mutter, die M a m a. Wir bemühen uns alle sehr, nicht zu weinen, und lächelten gekünstelt. Sie legten alle ihre Hände auf mich und machten mir Mut. In jenem Moment, als sie mich umarmten, sprachen unsere Herzen und das Salz unserer Tränen vermischte sich. Woran dachte in diesem Moment wohl meine Mutter, als sie mich so zärtlich und schützend umarmte? An ihr eigenes Unglück, daß sie sich nicht an mir gefreut hatte? Oder fürchtete sie meinen eigenen Widerstand, jetzt, da ich groß war und sie für ihr Tun anklagen könnte? Vielleicht hatte sie Schuldgefühle, weil sie glaubte, sie hätte ein Unrecht an mir getan. Tausende Gedanken schossen mir durch den Kopf, als sie mich umarmt hielt. Ich wollte in ihren Armen versinken und rufen, so laut ich konnte: «Mama, du hast nichts Unrechtes an mir getan, du trägst an nichts irgendeine Schuld. Niemand ist schuld, unser Los hat es bestimmt, und die schlechten Umstände damals, daß wir uns entbehren mußten.

Aber ich sagte nicht das Geringste, ich sah sie nur alle an und wischte die Tränen mit meinen beiden Händen ab. Wie sehr sich alle meine Geschwister verändert hatten. Es erschien mir wie gestern, daß wir unbeschwert auf den Dorfplätzen spielten. Meine Mutter war irgendwie gealtert. Ihre Haare waren weiß geworden; sie machte keine Anstalten, mich aus ihren Armen zu lassen. Wir bemerkten nicht einmal, wie mein Papa hinauskam und sich entrüstete: «He, was tut ihr? Haben wir eine Hochzeit oder eine Beerdigung? Die Braut muß heute lächeln.»

Wir kamen wieder zu uns; wir hatten uns nach so vielen Jahren so viel zu erzählen, aber es blieb uns keine Zeit. Wir gingen hinein, ich stellte sie meiner Schwiegermutter und meiner Schwägerin vor. «Das hier sind meine Tante Barbara, mein Cousin und meine Cousinen.» Ich mache Manolis ein Zeichen, ein bißchen hinauszugehen. «Weißt du», frage ich ihn, «wer sie sind?» – «Ja, du hast es gesagt, deine Tante, dein Cousin und deine Cousinen.» – «Nein, es sind deine Schwiegermutter, dein Schwager und deine Schwägerinnen.» – «Was sagst du? Aber du warst ein Einzelkind.» – «Bis heute war ich das, jetzt habe ich sie alle und dieses Mal wird uns niemand trennen, nicht einmal die hohen Berge.» Er wollte etwas sagen. «Sei ruhig», sage ich ihm, «damit uns niemand hört. Ich werde es dir später erklären.»

Auch meine Freundinnen aus Katerini trafen ein, kleideten mich in meinem Zimmer als Braut und sangen alle zusammen:

Heute wird Hoch heute wird Hochzeit gehalten
im schönen Garten, im schönen Garten
Heute wird ge heute wird getrennt
die Mutter von der Tochter, die Mutter von der Tochter

Heute gab es für mich eine doppelte Freude, gleichzeitig mit meinem Mann würde ich auch meine Familie haben.

Mein Papa trug seinen Festtagsanzug, er hatte auch die runde Uhr an seinem Hosengürtel aufgehängt. Seine neuen Schuhe glänzten, er lief unstet umher und rauchte ununterbrochen. Niemand von den Nachbarn wußte, daß es nicht sein eigenes Kind war und er fürchtete den Skandal; aber er hatte ein großes Herz. Er riß sich zusammen und trank an diesem Tag nicht, um nicht alles zu verderben.

Als alles bereit war, ging ich, schon als Braut angekleidet, hinaus, damit mir alle die gewöhnlichen Komplimente machten, die man Bräuten macht.

Jetzt mußte ich mich je dreimal vor den Eltern verbeugen. So wollte es die Sitte, damit sie mir ihren Segen gaben. Zum ersten Mal sah ich meinen Papa weinen, als ich mich vor ihm verbeugte und er mir sagt: «Verbeuge dich auch vor deiner Tante Barbara.» Ich verbeuge mich auch vor ihr, sie gibt mir ihren Segen und wir machen uns auf den Weg zur Kirche.

Mein Papa ruft meinen Cousin, damit er mich untergehakt führt und mich dem Bräutigam zuführt. Mein Cousin ist nicht einverstanden. «Nein, begleite du sie, wo du doch ihr Papa bist», sagt er ihm.

Er kommt voller Stolz, ich hake mich bei ihm ein und wir schreiten ganz langsam vorwärts. Auf der anderen Seite schreitet meine Adoptivmutter. Auch sie trägt ihr neues Kostüm, aber sie wirkte erschöpft, seit Tagen lief sie jetzt, um alles zu schaffen.

Die Kirche erschien mir heute schöner als bei jedem anderen Mal. Ich stehe neben Manolis und die Zeremonie beginnt. Aller Augen sind auf mich gerichtet, und irgendwie stört mich das. Meine Mama stand mir gegenüber und betrachtete mich unablässig, während die andere Mama neben mir stand und dieses und jenes richtete. Wir gehen beim Jesaja-Tanz rundherum und der Reis und das Konfekt fallen plötzlich auf unsere Köpfe.

Das Sakrament war vorbei. Es kam mir vor, als ob der Kronleuchter schaukelte und die brennenden Öllämpchen um mich herum tanzten. «Herzlichen Glückwunsch, auf ein langes Leben.» Alle hielten unsere beiden Köpfe und führten sie zusammen. Es war alles vorbei. Jetzt war ich endlich eine verheiratete Frau.

Wir kehrten alle nach Hause zurück und das Fest dauerte bis zum Morgengrauen. Die Älteren saßen in einem Zimmer und wir im anderen. Im Saal tanzten wir. Musiker hatten wir uns nicht bestellt, weil es Winter war und nicht alle hereinpaßten.

Wir legten Platten auf einen alten Plattenspieler auf, den ein Verwandter mitgebracht hatte. Und meine große Schwester begann zu singen. Sie hatte eine sehr schöne Stimme. Andere begleiteten sie mit alten Gesängen, und danach begannen die Liebeslieder.

«Wenige Herzen lieben wie mein eigenes Herz,
die meisten vergessen dich, sobald die Nacht vorüber ist!»

Die erste Hochzeitsnacht verbrachten wir wie wirkliche Cousins, zusammen mit acht anderen, die wir im selben Zimmer auf Matratzen als Gäste untergebracht hatten. Wir

schliefen wir drei Cousinen, und auf dem Boden breiteten wir etwas für die Männer aus. In wenigen Tagen leerte sich das Haus, langsam gingen alle.

16

Mein Mann Manolis war in einer Dienststelle vom «Haus des Kindes», so hieß das damals, angestellt. Sein Sitz war in Kotsana bei Edessa, und er würde mich mit sich nehmen. Das gefiel meinen Eltern nicht. Sie sagten ihm oft, daß er damit aufhören solle, und wir bei ihnen bleiben sollten. «Gut, laßt uns jetzt gehen und wir kommen wieder», sagte er ihnen.

Ich machte meine Sachen fertig, um mit meinem Mann abzufahren, und meine Eltern waren sehr traurig. Meine Adoptivmutter sagte ihm: «Hör, Manolis, unsere Tochter kann nicht viel, sie kann nicht einmal kochen. Wir haben sie nämlich ziemlich verwöhnt, schimpf nicht mit ihr; sie wird es aber langsam lernen.» – «Macht euch keine Sorgen», beruhigte er sie, «mit der Zeit wird sie alles lernen.»

«Komm, meine Tochter, nimm Heft und Bleistift und schreibe auf, wie verschiedene Gerichte gemacht werden. So die Nudeln, so der Reis. Vergiß nicht, Zucker an den Milchreis zu tun.» Und ich schrieb.

Wir nehmen das Allernötigste und einen kleinen Sack Walnüsse von meinem Walnußbaum mit und gehen. Diese Veränderung gefiel mir, weil ich in letzter Zeit so eingesperrt, wie ich gewesen war, nichts hatte zu sehen bekommen.

Ich schmückte das Zimmer, das mein Mann hatte, mit der spärlichen Aussteuer, die ich mitgenommen hatte, und trug den roten Hochzeitsmorgenrock, den mir meine Schwestern geschenkt hatten.

In Kotsana verlief das Leben anders als unseres. In der Nähe des Dorfes lag der See von Arnissa. Von dort brachten sie das Wasser mit Kanistern, die die Esel aufgeladen hatten, und aus diesen gossen sie und wuschen. Es gab keine Wasserleitungen im Dorf. Wenn sie größere Sachen zum Waschen hatten, gingen sie zum See hinunter und wuschen sie am Ufer. Etwas weiter weg füllten sie die Kanister mit Trinkwasser. Für diejenigen, die nicht zum See hinausgehen konnten, um Wasser zu holen, kam der Wasserträger vorbei und füllte ihnen ganz billig ihre Kanister.

Rund um den See hatten sie Gärten, so war es näher zum Bewässern. Sie bauten Weizen, Wein und Mandeln an. Einige hatten Boote, mit denen sie in die gegenüberliegenden Dörfer fuhren. Mit dem Boot kam man direkter hin. Mit dem Tier ging man außen herum, es gab keine Straßenverbindungen.

Eines Tages ging ein junger Mann mit seinem Esel auf eine Hochzeit. Als er am See ankam, fand er dort noch einen, der mit dem Boot auch auf die Hochzeit fuhr. Als er ihn fragte, wohin er führe, und erfuhr, daß auch er dorthin unterwegs war und auch auf dieselbe Hochzeit, sagte er zu ihm: «Ich bin auch auf dem Weg dorthin.» – «Komm, steig in das Boot, laß uns gemeinsam fahren, sonst wirst du dich verspäten.» – «Und der Esel », sagt er ihm, «wo soll ich ihn lassen?» – «Wir nehmen ihn auch im Boot mit.» Sie brachten ihn mit Mühe und Not in das Boot. Als sie das tiefe Wasser erreichten, bekam der Esel von dem vielen

Geschaukel Angst und lief von einem Ende zum anderen und brachte das Boot zum Kentern. Der eine junge Mann samt seinem Esel ertrank, und der andere rettete sich schwimmend mit großer Mühe, bis er in einem elenden Zustand herauskam.

In jedem «Haus des Kindes» gab es eine Leiterin, eine Teppichweberin und eine Schneiderin, die den Kindern des Dorfes beibrachte, wie man webt und wie man näht. Es gab einen Tischler, der den Kindern sein Handwerk lehrte. Mein Mann war Landwirt, und er zeigte allen, wie sie ihre Felder bestellen sollten, ihre Bäume beschneiden sollten und alles, was sonst noch die Landwirtschaft betraf. Alle diese Angestellten wurden von der sogenannten «Königlichen Einrichtung» bezahlt. Ich leistete den Mädchen aus dem «Haus des Kindes» Gesellschaft, wenn mein Mann im Dienst war. Was das Kochen betraf, so kam ich damit überhaupt nicht zurande. Nachdem unsere Mägen nach ein paar Tagen mit kaltem Essen rebellierten, entschlossen wir uns, Nudeln zu kochen. Ich hole meine Kitapia, meine allwissenden Hefte heraus, die ich geschrieben hatte, bevor ich abfuhr, so wie Mama es mir diktiert hatte.

Die Küche nutzten wir gemeinsam mit einer anderen Familie. Ich trug den Hochzeitsmorgenrock, der an der Hüfte enger saß und einen Gürtel hatte und unten Falten warf. Er hatte außerdem weite Ärmel, wie bei dem Talar eines Priesters. Sie blieben überall hängen. Wenn ich nach etwas greifen wollte, berührten sie es zuerst, und dann erst meine Hände. Aber ich war stolz auf ihn, als junge Braut, die ich war.

Ich lasse also das Wasser kochen, werfe Nudeln hinein, lasse sie abtropfen und tue Butter darauf. Mein Mann wartete erschöpft vor Hunger: «Was ist? Sind die Nudeln bald fertig?» – «Sie sind fast fertig», sagte ich ihm, «heute abend werden wir gut essen.» Endlich waren sie fertig. Ich greife den Topf und gehe voller Stolz schwungvoll zum Zimmer. Das Unglück wollte es, daß der weite Ärmel meines Morgenrockes am Türgriff hängenblieb, und als ich so mit Schwung eintrat, rutscht mir der Topf aus der Hand und trifft fast den Kopf von Manolis. Die Nudeln schwappten durchs ganze Zimmer und der Topf rollte unter das Bett. Ich blieb wie versteinert in der Tür stehen; ich war sprachlos und verwünschte meine Ärmel. Mein Mann zieht mich hinein und schließt die Tür, damit die Nachbarn uns nicht hörten. Wir sammeln die Nudeln schweigsam in die Abfalltüte. Weil sie noch heiß waren, roch es nach Butter, und ich hörte unsere Mägen knurren; ich fing an zu weinen. «Komm, wein nicht, das macht doch nichts. So etwas passiert. Wir werden Käsebrot essen», tröstet mich Manolis. Wir aßen unser Käsebrot und mußten lachen, als Manolis sagte: «Morgen weden wir wieder Nudeln kochen, aber zieh dir nicht deinen Morgenrock an.» Wenn mich mein Papa von irgendwo gesehen hätte, hätte er gesagt: «Das macht nichts, das bringt Glück.» Und Mama hätte gesagt: «Ach, ach, dieselbe Unachtsame, wie immer.»

Es folgten eine Menge Speisen zum Lachen. Reisbrei statt Reis, Milchreis ohne Zucker, Kaffee mit Salz, aber zum Glück ist mir noch kein Teller an den Kopf geflogen. Wir waren ein verständnisvolles Ehepaar.

Die Frau, mit der wir die Küche teilten, war eine sehr gute Frau. Wir teilten uns die Ärmlichkeit unseres Lebens, aber auch unsere Liebe. Sie hatte ein kleines Mädchen und war mit dem zweiten Kind schwanger. Und die Ärmste bereitete sich ganz auf das Kind vor. Aber sie hatte kein Glück.

Sie hatte eine schwierige Geburt, und einen Gemeindearzt gab es nicht. Die Hebamme konnte nur wenig helfen, bis ein Arzt käme; das Kind wurde geboren, aber die Mama starb. Für mich war das eine neue traumatische Erfahrung. Und wir waren frischvermählt und wünschten uns sehnlichst ein Kind.

Es vergingen noch einige Monate und mein Mann wurde in ein anderes Dorf versetzt, nach Promachi bei Aridaia. Ein Dienstjeep kam, holte uns mit unseren Sachen ab und brachte uns nach Promachi.

Dort war das Leben vollkommen anders. Die Frauen und die Mädchen trugen Trachten, mit bestickten Schürzen, und Kopftücher mit falschen Goldmünzen. Das Dorf war das letzte auf griechischer Seite. Zu Fuß war es nicht weit bis Jugoslawien. Wir wohnten in einem kleinen Häuschen im letzten Haus des Dorfes. Es paßten gerade unser Bett, ein Tisch und zwei Stühle hinein. Unsere Kleidung war an der Wand aufgehängt, mit einem Bettlaken zugehängt. Das war unser Schrank.

Das ganze Dorf war arm, und die Leute lebten sehr bescheiden. Unsere Hauswirtin stellte uns jeden Tag einen Topf Bohnen neben den Kamin. Das war ihr einziges Essen, mit Brot aus Maismehl. Sie hatten auch eine blinde

Großmutter, die darüberhinaus nicht hörte. Sie saß den ganzen Tag schweigsam im Hof in der Sonne.

Die einzige Zerstreuung für sie waren einige Musikanten, die jeden Sonntag auf den Dorfplatz kamen und aufspielten. Alle tanzten Hand in Hand im Kreis herum. Dort war auch der sogenannte Brautbasar. Wenn einem jungen Mann ein Mädchen gefiel, nahm er sie sofort ohne viel Federlesens oder Drumherum. Alle waren an die Mittellosigkeit gewöhnt und stellten keine hohen Ansprüche. Wir waren einige Frauen, die von den Dorfbewohnerinnen abgesondert lebten. Die Lehrerinnen, die Mädchen aus dem «Haus des Kindes», die Frau des Arztes und ich. Die Dorfbewohner respektierten uns und sie achteten uns. Wenn wir vorbeikamen und sie am Hofeingang saßen, erhoben sie sich, um uns zu grüßen.

Ich erinnere mich, wie es eine Schulparade gab. Wir saßen alle zusammen, als Ehrengäste. Die Kinder wendeten die Köpfe nach rechts, wie man es vor Ehrengästen macht. Da lachte ich und dachte: «Eleni, wenn du in deinem Dorf wärst, hättest du kein «Augen rechts» gesehen, sie hätten dich nicht einmal wahrgenommen.»

Ich schrieb meine Neuigkeiten an meine Adoptiveltern, und für sie antwortete immer ein Nachbar. Sie erhielten meinen Brief, gingen zum Nachbar, damit er ihnen vorläse, und antworteten umgehend. Ihre Worte waren immer voll Liebe und Sehnsucht. Sie erwarteten mich ungeduldig, und daß ich zu ihnen zurückkehrte.

Ich schrieb auch meiner Mama und meinen Geschwistern, und ich nannte sie immer noch Tante.

Eines Abends saß ich mit der Hauswirtin zusammen, und sie zeigte uns eine andere Tracht, die sie besaß, und ich sage ihr: «Ich will es einmal anprobieren, mal sehen, wie es mir steht.» Ich war kaum wiederzuerkennen. Ich trage auch das bestickte Kopftuch und wir lachten.

Kurz darauf sehe ich meinen Mann kommen, und ich sage ihr: «Sag nicht, daß ich es bin, mal sehen, ob er mich erkennt.» Wir saßen auf Höckerchen und taten, als würden wir uns unterhalten. Manolis grüßt uns, geht ins Zimmer und kommt gleich wieder hinaus: «Frau Anna, hast du vielleicht meine Frau gesehen, wo sie hingegangen ist?» – «Ich habe sie nicht gesehen», sagt diese. «Komm, setz dich, sie wird gleich kommen.» Er setzt sich mir gegenüber und wirft einen flüchtigen Blick auf mich. Er hielt mich für eine Nachbarin. Er unterhält sich mit unserer Hauswirtin. Und er beobachtete unaufhörlich die Straße. «Wo ist sie wohl hingegangen? Sie ist spät dran», sagte er wieder. Da konnte ich mich nicht mehr halten und brach in Gelächter aus. «Oh, du bist es?» sagt er zu mir. «Was ist denn mit dir passiert?» und wundert sich über mein Aussehen. «Kaum, daß ich meine Kleidung verändere, erkennst du micht nicht einmal mehr!» sage ich ihm.

Unsere Freude war unbeschreiblich, als der Arzt uns eines Tages mitteilte, daß wir ein Kind erwarteten. Ich begann Bettlaken und Lätzchen zu besticken, und ich konnte nicht glauben, daß ich in Kürze Mama sein würde.

Aber ich war gerade siebzehn Jahre alt und verstand es nicht, wegen der Schwangerschaft vorsichtig zu sein. Ich lief, stieg auf Eselchen und sprang wie ein Zicklein. Einige

Kinder hatten eine Schaukel aus einem Seil gemacht, und ich stieg auch auf und schaukelte lange.

Eines schicksalhaften Tages liefen wir wegen einiger unvorhergesehener kleiner Schmerzen zum Arzt. An jenem Tag sollte eine «Dame von Stand» als Vertreterin der Königin Friederike kommen, um das «Haus des Kindes» zu inspizieren, und alle mußten in der Dienststelle sein. Aber wir fehlten. Als wir zurückkamen, war «die Dame» im «Haus des Kindes» und lächelte uns zu. «Was ist los, Kinder? Ich habe erfahren, daß ihr vom Arzt kommt. Ich hoffe, daß alles gut geht.» Wenig später fuhr sie ab.

Durch meinen Kopf wirbelten die Worte des Arztes. «Wenn eine Frau Mutter werden soll, ist sie bei allem vorsichtig, so daß sie ein gesundes Kind zur Welt bringt. Und weil euer Fall etwas besonderes ist, mußt du noch besser aufpassen. Kein Schaukeln mehr und keine Eselchen. Du wirst dich hinlegen und deine Beine ein paar Mal am Tag hochlegen, damit das Kind nicht nach unten kommt, diese Gefahr besteht. Wenn du aufstehst, binde dir einen Gurt um.»

Wir gehen danach auf unser Zimmerchen. Und ich sage zu Manolis: «Hast du gehört, was der Arzt gesagt hat? Eure Beine hoch an die Wand, damit das Kind an seiner Stelle bleibt.» – «So hat er das aber nicht gesagt. Das hat er nur für dich gesagt.» – «Ja, aber das Kind ist von uns beiden. Wir müssen alles zusammen tun, was der Arzt sagt.» Wir legen uns also hin, strecken unsere Beine an die Wand, und kurze Zeit später klopft es an der Tür. «Herein», sage ich, ohne die Beine herunterzunehmen. die Tür geht auf, und welche Freude! Es waren meine Schwestern. Sie machten einen Ausflug über mehrere Tage und kamen, um uns zu besuchen. Sie hatten uns überraschen wollen, so plötzlich.

Wir vertieften uns ins Gespräch und redeten und redeten und fanden kein Ende. An was wir uns an jenem Tag nicht alles erinnerten...

Wie wir klein waren und auf einer Matratze schliefen und wie wir spielten. An unser kleines Schwesterchen, das mit fünf Jahren starb, an unsere Mama, die jung Witwe wurde und noch bei ihrer Schwiegermutter lebte und von Arbeit zu Arbeit lief, «um sich durchzuschlagen.»

Ich fragte sie immer wieder, wieso ich mich an keinen unserer Verwandten erinnerte. Und obwohl sie mir die Verwandten mit ihren Namen nannten, waren sie mir alle vollständig unbekannt. Sie brachten das Gespräch auch auf einen Onkel von mir, Panajotis, ein Bruder meines leiblichen Vaters. Der hatte damals in einem anderen Dorf, das zwölf Kilometer von unserem entfernt lag, gelebt. Dort hatte er einen Frisiersalon. So wie damals die Lage war, kurz nachdem der Krieg beendet war, fürchtete einer den anderen. Einmal, als die Partisanen ihm drohten, ihn zu ermorden, floh er heimlich in der Nacht und ging zu dem Dorf, in dem meine leibliche Mutter wohnte, um sich zu verbergen.

Aber er brauchte verschiedene Dinge aus seinem Frisiersalon, und er wagte nicht, selber hinzugehen und sie zu holen. Er dachte sich, daß niemand die Kinder verdächtigen würde. Mein Bruder war damals fünfzehn Jahre und meine Schwester dreizehn. Er ruft sie und sagt ihnen: «Hör zu, Vangelis, du sollst auch Angeliki mit dir nehmen, damit du Gesellschaft hast, und in das Dorf gehen, in dem ich das Geschäft habe. Und bring mir alle Rasierwerkzeuge und was ich sonst noch nützliches im Geschäft habe; tue es in das alte Köfferchen und bringe es mir. Ich werde hier zum Haareschneiden gebraucht, und ich verdiene so mein Brot. Ihr geht zuerst ins Haus von Tante Panago. Sie hat den Schlüssel zum Geschäft. Ihr sammelt alles ein und bringt es her. Hör gut zu, mein Kind. Ihr nehmt den Weg durch die Schlucht; der Weg ist etwas weiter zu laufen, aber ihr braucht keine Angst zu haben, in die Hände der Partisanen zu fallen. Der Weg über den Bergabhang ist näher, aber gefährlich.»

Die Kinder brechen am Morgen mit einer Flasche Wasser auf; Brot gab es nicht. Was sie unterwegs fänden, würden sie essen. Sie erreichen die Schlucht. Sie gehen weiter und halten ab und zu an, um wilde Maulbeeren zu essen. Sie sehen einige Vögel, die sich scharten, und die weiße Zwiebeln einiger wilder Hyazinthen essen. «Laß sie uns probieren», sagt mein Bruder. «Oh, die sind aber lecker.» Und sie holten die Zwiebeln heraus und aßen sie, um ihre Mägen zu ruhigzustellen.

Sie kamen gegen Mittag an, überanstrengt von dem Fußmarsch und vom Hunger. Tante Panago erschrak, als sie die beiden alleine sah. «Schön, euch zu sehen. Seid ihr alleine gekommen?» – «Ja. Onkel Panajotis will seine Sachen aus dem Geschäft.» Sie redeten mit der Tante, aber ihre Augen waren auf den Tisch geheftet, auf dem Brot lag. Die Tante bemerkt das und fragt sie, ob sie Hunger hätten.

«Ja, sehr», sagten sie. Sie schneidet es und gibt jedem ein Stück. Sie aßen das eine Stück und das andere steckten sie in ihre Tasche. – «Was ist, Kinder, eßt ihr es nicht? Habt ihr keinen Hunger?» – «Wir haben Hunger, aber wir wollen es unseren anderen zwei Geschwistern bringen.» Das rührte die Frau, und sie machte ihnen ein selbstgebackenes Brot fertig. – «Das ist für eure Geschwister. Und jetzt eßt euer eigenes.»

Sie füllt ihnen auch das Köfferchen mit den Rasierwerkzeugen. «Macht euch auf den Weg, damit ihr rechtzeitig zurückkommt und euch nicht die Nacht überrascht.»

«Weißt du», sagt Vangelis, «ich habe mir überlegt, daß wir den direkten Weg nehmen, über den Bergabhang, damit wir schneller zurück sind.» – «Nein», sagt ihm Angeliki, «ich habe Angst.» – «Du brauchst keine Angst zu haben, ich bin ja bei dir. Wieso fürchtest du dich?»

Als sie dort durch die Einöde wandern, fängt Angeliki plötzlich an zu rufen: «Vangelis, komm und guck!» Aus einem Haufen von Steinen reckten sich zwei Menschenarme in die Höhe, als würden sie den Himmel umarmen und diejenigen verwünschen, die ihn eingegraben hatten. Die Kinder rannten vor Entsetzen davon. Hin und wieder warfen sie einen Blick nach hinten, als ob sie glaubten, die Arme würden sie verfolgen.

Sie keuchten und fielen wie gelähmt unter einen Baum. Die Dämmerung hatte eingesetzt. Sie holten die Flasche mit Wasser hervor und tranken und hielten die Tüte mit dem Brot ganz fest. Etwas bewegte sich hinter den nächsten

Bäumen. Ihnen stockte der Atem. Gleich darauf sehen sie einen Partisamen mit seinem Gewehr sich ihnen nähern.

«Was treibt ihr euch hier herum?» – «Wir gehen nach Hause.» – «Und was habt ihr im Köfferchen? Schriftstücke?» – «Nein, die Frisierwerkzeuge unseres Onkels.» – «Bring es her!» Er öffnet es. «Ah, das brauchen wir auch. Wo sollen wir hier in den Bergen so etwas finden.» Er nimmt die Hälfte. «Los, bring das andere zu deinem Onkel. Das reicht ihm. Und bestell ihm Grüße von Nikolis, auch wenn er mich nicht kennt. Du, Kleine, was hältst du in deinen Händen hinter dir?» Vor Angst hatte es ihr die Sprache verschlagen. «Ggggar nichts.» – «Gar nichts? Und was ist das? Brot. Gib es her!» – «Wir bringen es unseren Geschwistern.» – «Und was sind wir? Sind wir nicht eure Geschwister? Euch werden sie im Dorf etwas zum Essen geben. Aber uns, wer wird uns etwas zum Essen geben? Und jetzt macht euch auf den Weg.»

Mein Bruder stand auf: «Steh auf, Angeliki.» – «Ich kann nicht», sagt sie quengelnd. «He, steh auf, sage ich dir.» – «Ich habe naßgemacht.» – «Ach, eine Pißliese bist du also auch», sagt ihr der Partisane. «Los, bis du zu Hause bist, wirst du trocknen.»

Aber sie weinte, nicht, weil sie durchnäßt war, sondern wegen des Brotes, das sie voll Stolz getragen hatte, um es ihren zwei kleineren Schwestern zu geben, und das man ihr abgenommen hatte. Es war schon dunkel geworden, als sie im Dorf ankamen. Sie erzählten ihnen, was unterwegs passiert war. Sie schimpften mit Vangelis, der den Weg hatte abkürzen wollen und über den Bergabhang gegangen war.

Dieser Onkel von mir hatte seine Frau durch eine plötzliche Krankheit, die zwei Tage andauerte, verloren, eine junge Frau von gerade achtundzwanzig Jahren. Sie hinterließ ihm ein kleines Kind. Er arbeitete als Friseur, um zu überleben. Danach verschwand er und blieb verschollen. Niemand konnte ihnen sagen, was geschehen war. Einige sagten, daß die Partisanen sie alle zusammen erschossen hätten und sie in ein Massengrab geworfen hätten. Jedenfalls kehrte er nicht wieder zurück, und es sah ihn auch niemand.

Schwere Jahre, ein Fluch Gottes, in denen man Menschen sah, die Menschen jagten. Menschen, die Menschen quälten, und sogar Griechen Griechen. «Das ist vorbei, das haben wir hinter uns», sagt mit einem Mal mein Mann, «erzählt etwas Fröhlicheres.»

Am Morgen standen wir auf, und sie suchten einen Platz zum Waschen. «Hier», sage ich zu ihnen, «am Fenster. Bückt euch.» Ich schüttete Wasser aus der Kanne; das Handtuch lag daneben. Und der Frühstückstisch stand direkt daneben. Wenn man seine Hände ausstreckte, erreichte man alles, ohne irgendwie aufzustehen. Das Haus war klein, wie ein Puppenhäuschen.

«Wir werden Mama sagen, daß du gut verheiratet bist», sagten sie scherzhaft. «Sie hat alles in ihrer Nähe, sie muß sich überhaupt nicht anstrengen.»

Aber wir hatten uns entschieden, nach Katerini zurückzukehren. In ein paar Monaten würde das Kind geboren werden. Ich brauchte Hilfe und die Gesellschaft meiner Eltern. «Wir werden näher zusammen sein in Katerini, und vielleicht wird das Kind in Thessaloniki geboren werden», sagte ich zu ihnen beim Weggehen. Tatsächlich reichte Manolis ein paar Tage später seine Kündigung ein, und wir warteten auf den Tag, an dem wir nach Katerini abfahren würden.

17

Ich hatte mich nach unserem Haus gesehnt, nach meinen Eltern, meinem Hund, nach allem, was ich so sehr geliebt hatte. Um nach Aridaia hinunterzufahren, gab es keine Verkehrsverbindung aus dem Dorf. Alle gingen mit Mauleseln hinunter. Wir luden unsere Sachen auf einen Maulesel und folgten ihm zu Fuß. Die Sonne brannte, es waren ziemlich viele Kilometer, und ich war sehr erschöpft. Ein alter Lastwagen mit vielen Menschen obendrauf kam vorbei, und wir winkten mit unseren Armen, damit er anhielt. Trotz der Geschwindigkeit, die er hatte, hielt er plötzlich an, und eine Staubwolke stieg von der unbefestigten Straße hoch. Bei dem plötzlichen Bremsen wurden alle erst nach vorne, dann nach hinten, und dann einer über den anderen geschleudert. «Kommt, kommt schnell. Steigt auf», ruft der Fahrer. Wir waren gerade aufgestiegen, als die Karosse auf der unbefestigten Straße mit vielen Schlaglöchern hüpfte. Bei jedem Hüpfer lachten die anderen, aber ich hielt mir meinen Bauch und hoffte, daß dem Kind nichts passierte. Endlich kamen wir an.

Von Aridaia aus fuhren wir mit dem Bus bis Edessa. Wir bewunderten kurz die schönen Wasserfälle, machten ein paar Fotos, und nahmen den Zug nach Thessaloniki.

Weil es zu spät war, den nächsten Zug nach Katerini zu nehmen, überlegten wir, zu meiner leiblichen Mutter zu gehen, die sich eine kleine Wohnung nahe dem Bahnhof gemietet hatte. Das Haus war zweistöckig. Oben wohnten die Hausbesitzer und unten meine Mutter mit der Großmutter und meiner rothaarigen Schwester. Meine anderen Geschwister waren verheiratet und wohnten in derselben Stadt. Das Haus war im Hinterhof. Man erreichte es, indem man erst durch einen Hof hindurchging.

Meine Großmutter hatte mich seit vielen Jahren nicht gesehen und trotz allem erkannte sie mich sofort. Sie wollte etwas sagen, als sie ein nicht enden wollender Hustenfall überfiel. Sie hatte Bronchitis und hustete die ganze Zeit. «Großmutter», sage ich zu ihr und küsse ihre Hand. «Nimm meinen Segen, meine Tochter. Ich habe immer auf den Tag gewartet, an dem ich dich sehen würde. Sie haben mir von eurer Hochzeit erzählt. Herzlichen Glückwunsch!» Sie küßte uns beide und war stolz auf uns, wie jede Großmutter auf ihre Enkel. «Setzt euch jetzt, wohin ihr wollt, die anderen kommen auch.»

Wir setzen uns in den Hof, und dort kommt ein Junge auf mich zu. Er war etwa in meinem Alter. Seine gebogene Nase erregte meine Aufmerksamkeit. Sie ähnelte der meinen, das heißt, wir hatten beide dieselbe Nase wie die Großmutter.

«Ach, mein Kostas. Das ist der Sohn deines Onkels Panajotis, des Friseurs, von dem wir nie erfahren haben, wohin er verschwunden ist... Seine Mutter starb sehr früh und er blieb von klein auf eine Waise. Gott sei gepriesen, daß er groß geworden ist, er arbeitet und ist ein gutes Kind. Ach, ihr erinnert mich an meine Kinder, die ich so jung verloren habe», sagt Großmutter und weint. «Dein Vater Spiros war ein junger Bursche und auf Festen immer der Erste», sagt sie zu mir. «Alle riefen nach ihm, denn er sang schön. Er hatte eine Stimme... Was für eine Stimme! Wenn sie tranken und er jene alten Lieder sang, tranken sie alle noch lieber und wollten nicht mehr aufstehen. «Noch eins, Spiros!» riefen sie. Er ging oft auf die Jagd und erkältete sich oft. Der Krieg war erklärt worden. Damals gab es keine Medikamente, und nicht einmal Essen. Er starb an Lungenentzündung und hinterließ euch fünf Waisen. Aber ihr mußtet leben und damit ihr lebt, mußten wir uns trennen.» – «Jetzt wühl nicht in alten Wunden, Großmutter», sagt Kostas. – «Ach, ich kann es nicht vergessen. Auch deine eigene Mama starb plötzlich, mit achtundzwanzig Jahren. Danach ist dein Vater verschwunden. Kann man so was vergessen?»

Sie geht hinein, bringt eine alte, vergilbte Fotografie und zeigt sie uns: «Das ist dein eigener Papa und das ist der von Kostas.» Die beiden Männer sehen uns aus dem vergilbten Papier stumm an, aber für mich sind es Unbekannte, ich erkenne sie nicht wieder. Sie waren jung und sahen gut aus. Wenn sie nicht gestorben wären, sähe unser Leben sicher anders aus. Wenigstens habe ich jetzt einen Vater. Auch wenn er ein Gläschen zuviel trinkt, geht davon die Welt nicht unter. Ich fühle mich sicher und geborgen.

Für meine Mutter war es eine große Überraschung, als sie uns so plötzlich in ihrem Hof antraf. Obwohl sie erschöpft von ihrer Arbeit heimkehrte, bereitete sie an jenem Abend eine Unmenge Essen, um uns eine Freude zu machen. Auch der Milchreis fehlte nicht, «weil du ihn so mochtest, als du klein warst», fügte sie hinzu. Meine Schwester kam fröhlich und ausgelassen an, ihr rotes Haar über die Schulter geworfen. Ihr Lächeln wirkte, als wolle sie die ganze Welt in Liebe umarmen.

Sie ließen uns nicht weggehen: «Ihr müßt auch etwas bei uns bleiben, damit wir euch bewirten. Morgen abend werden wir uns vergnügen gehen.»

Der Mann meiner Schwester hatte einen Freund, der einen Leichenwagen besaß. Damals gab es nicht viele Autos. «Ich komme, um euch abzuholen», sagte er ihnen, «seid fertig.»

Wir waren alle für die Stadt gut angezogen. Wir sehen den Leichenwagen halten und sie rufen uns, damit wir einstiegen. Ich zögerte, einzusteigen. «Hab keine Angst», sagt mir der Mann meiner Schwester, «Sieh mich an.» Und er legt sich in die Mitte, wo ein Sarg für die Verstorbenen stand. Alle müssen lachen. Mir trieb es den kalten Schweiß auf die Stirn. An zwei Seiten waren Bänke, auf denen die Verwandten des Toten saßen. Wir drängten uns alle dorthin und mein Schwager stieg in den Sarg. Er kreuzte seine Hände, und weil er blaß war, sah er mehr tot als lebendig aus. Meine Schwester Angeliki fand einige halbabgebrannte Kerzen, sie zündete sie an und es roch drinnen nach Weihrauch und Kerzen.

Der Leichenwagen durchquerte die Straßen der Stadt. Ein paar alte Frauen standen bei dem Verkehrspolizisten an der Kreuzung, und als sie den Leichenwagen sahen, bekreuzigten sie sich. Durch das Fenster sah man uns mit den Kerzen in der Hand. Plötzlich richtet sich mein Schwager aus dem Sarg auf und ruft lachend: «Ich bin auferweckt worden.» Die Alten gerieten aus der Fassung und sahen uns zu, während wir vor lauter Lachen aussahen, als würden wir weinen. Auf der ganzen Fahrt, bis wir das Zentrum erreichen, machen sie uns den Weg frei, damit wir vorbeikommen. Mein Schwager legte sich hin, richtete sich auf, und die Leute, die uns sahen, machten unverständliche Gesten, um uns zu bedeuten, daß wir verrückt seien.

Ein Polizeiauto fuhr hinter uns her und machte uns Zeichen, stehenzubleiben. Unser Fahrer öffnet das Fenster und ruft ihnen zu: «Wir drehen einen Film, wir machen gerade Aufnahme.» Als die Polizisten das hören, wenden sie und fahren weg. Das Lachen hörte nicht auf, wir vergnügen uns im Zentrum und um Mitternacht setzt der Leichenwagen jeden an seinem Haus ab.

Ich hatte meine Familie gefunden und zusammen mit ihnen mein verlorenes Ich. «Kurz vor der Niederkunft», sagt meine Mama zu mir, «komm hierher nach Thessaloniki. Es gibt viele gute Ärzte, das wird besser sein.»

Nach zwei Tagen nahmen wir den Zug nach Katerini. Ich saß neben Manolis und sah aus dem Fenster heraus. Es war alles so schön. Die Ebene war ganz grün, die Margeriten blühten, der Klatschmohn leuchtete rot. Die Sonnenstrahlen fielen in den Waggon und streichelten unsere Gesichter. Ich fühlte die Freudensprünge meines Kindes und zum ersten Mal verstand ich, was ein solches Glück bedeutet... Ich war wirklich glücklich.

Jetzt «hatte ich alles.» Ich hatte meine beiden Mütter und meinen Vater, die mich liebten. Ich hatte meine

Geschwister, meinen Mann, und bald würde ich mein Kind haben. Was sonst könnte ein Mensch begehren? Die vorübergehenden Größen gehen vorüber und verschwinden. Mir genügte es, zu fühlen, daß sie mich liebten und daß ich sie alle liebte. So wie der Zug eilte, so eilten auch meine Gedanken...

18

Vom Bahnhof aus war es nicht weit bis zum Haus meiner Eltern. Manolis lud die schweren Sachen auf und wir gingen zu Fuß nach Hause. Wir waren noch nicht ganz angekommen, da ruft eine Nachbarin: «Dimitria, Licht auf deine Augen», das heißt, «heiße sie willkommen, sie sind da.» Sie gingen hinaus auf die Straße und liefen auf uns zu. Wir umarmten uns, küßten uns, dann nahmen sie uns unsere Sachen ab, um uns zu erleichtern.

Ein paar Nachbarinnen liefen herbei, um die Neuigkeiten zu erfahren. Wir saßen im Hof und sogar der Schnurrbart meines Papas lachte. «Onkel Thanassis, jetzt, da du Großvater wirst, möchte jeder an deiner Stelle sein. Mal sehn, was deine Tochter zustandebringt. Die Nachbarschaft hier ist voller Mädchen. In einem Monat sind in diesem Dorf sechs Mädchen geboren worden», sagt ihm Frau Katina. Ihrem Brauch nach, dem sie im Dorf immer noch treu sind, wollten sie zuerst Jungen. «Männliche Kinder und weibliche Ziegen», rief mein Papa. «Wir machen ein Pik», und meinte einen Jungen. «Sag es nicht so laut», sagte Mama zu ihm. «Und wenn es ein Mädchen wird?» – «Ach, dann sollen sie uns den Ehering zurückschicken. Haben wir sie etwa nötig?»

Die Tage rückten näher und das Köfferchen mit den Babysachen stand bereit. Ich nehme noch einige unerläßliche Dinge mit und fahre für die Geburt nach Thessaloniki. Jetzt fuhr ich endlich offen zu meiner Familie. Die Gefahr, daß sie mich zurücknehmen könnten, war von meinen Adoptiveltern gewichen, und mit ihr ihre Angst.

Ein paar Tage später halte ich meine Tochter fest in meinen Armen. Ich neige mich schnell an ihr kleines Öhrchen und verspreche ihr: «Meine Tocher. Ich werde immer bei dir sein. Du wirst dich niemals alleine fühlen, wie ich mich gefühlt habe.» Meine Familie kam jeden Tag ins Krankenhaus und bewunderte das Neugeborene.

Telefone gab es damals nirgends. Nur die Gemeinde im Dorf hatte ein Telefon. Dorthin gingen die Neuigkeiten über meine Tochter. «Onkel Thanassis, lang lebe deine Enkelin», ruft der Vorsitzende meinem Vater zu, der im Kafenion saß. «Was sagst du, Vorsitzender, und woher weißt du das?» – «Sie haben angerufen, damit wir es euch sagen. Aber was guckst du so griesgrämig, wolltest du einen Jungen?» – «Nein, Vorsitzender. Als erstes wollten wir ein Mädchen. Es genügt, wenn meine Tochter gesund ist. Mädchen sind auch gut.»

Ein paar Tage später kam Manolis und holte mich mit dem Säugling ab, und wir kehrten nach Hause ins Dorf zurück. Als ich ihnen das kleine gewickelte Bündelchen in die Arme legte, wußten sie vor Freude nicht, wie sie es halten sollten. «Nicht so», sagte der eine dem anderen, «man muß das Köpfchen halten, die Hand so.» – «Drück es nicht so sehr, du bringst es ja um.» Jetzt hatten sie eine dauerhafte Beschäftigung. Sie spielten alle mit ihr wie mit einer Puppe. Ihre Freude wurde noch größer, als wir sie bei der Taufe Dimitria nannten. Wir gaben ihr den Namen meiner Adoptivmutter.

Manolis hatte damals eine gute Arbeit in den Obstgärten. Er züchtete die Bäumchen selber. Wir sammelten alle Kerne und Samen von den Früchten und er säte sie in eine Ecke des Gartens. Daraus wurden wilde Bäumchen. Er nahm Pfropfreis von den kultivierten und pfropfte die wilden. Ich half ihm beim Pfropfen, weil es mir Spaß machte und ich es gelernt hatte. Wir ritzten die Rinde des wilden Stammes ein, setzten den Pfropfreis, zarte Rinde mit dem «Auge» aus einem Zweig eines kultivierten Baumes, und wir schnürten es mit trockenem Heu fest. Sobald der Pfropfreis des kultivierten «anging», beschnitten wir alle Zweige des wilden, und es blieb nur die kultivierte Pflanze. Unser ganzer Garten hatte sich mit Bäumchen gefüllt, die wir verkauften. Die Leute bepflanzten ihre Felder mit Bäumen, und nachher hatte Manolis ziemlich viel Arbeit mit dem Beschneiden. Er war fast der einzige Baumzüchter.

Aber die Leute waren arm und sie zahlten nicht gut. Die meisten nahmen Kredit. Wir hatten ein volles Heft und schrieben auf, wieviele Bäume jeder genommen hatte und wieviel sie uns schuldeten. Aber Geld nahmen wir niemals ein. Es war, wie wir im Sprichwort sagen: «Schreib es auf, setz dich hin und bewein es.»

Mein Onkel Stamatis pflanzte eines seiner Felder voller Bäume, die er von uns holte. Um sie uns abzubezahlen, brachte er uns einen Karren Melonen, denn Geld hatte er nicht. «Ach, diese gemeine Welt», sagte er, «arbeiten, arbeiten und para yok, kein Geld.»

Jetzt hatten wir weder viele Tiere noch viel Arbeit auf den Feldern, weil meine Eltern nicht arbeiten konnten wie früher. Wir hatten nur eine Kuh, die wir morgens mit der Herde auf die Weide schickten, und abends wurde sie uns gebracht. Eines Tages kam die Ärmste angeschwollen zurück, sie atmete mühsam. Sie hatte frischen Klee gegessen und litt an «Trommelsucht». Sie wäre fast geplatzt.

Wir stellten uns um sie her und sahen ihr zu, unfähig, ihr zu helfen. Sie legte sich nieder wie ein Mensch und stöhnte. Wir rufen den Tierarzt. Er nimmt sofort ein Messer, sticht ihr bis in den Magen und steckt in dieselbe Stelle ein sauberes Stück hohlen Schilf, damit die Luft austritt. Danach gibt er ihr eine Spritze. Er zeigt mir und meinem Mann, wie wir ihr die übrigen Spritzen setzen sollten, alle vier Stunden, «unbedingt auch in der Nacht.» – «In Ordnung» sagen wir.

Wir stellen den Wecker ganz laut und schlafen, die Petroleumlampe lassen wir heruntergedreht brennen. Die Uhr läutet um vier wie toll. Ich suche sie im Halbfinsteren, ich verfluche sie wegen ihres plötzlichen Lärms und stelle sie ab. Ich nehme die Lampe in meine Hände, drehe den Docht hoch und rufe meinen Mann: «Manolis, steh auf, wir müssen die Spritze setzen.» – «Gut!» sagt er zu mir und schläft wieder ein. «Ich halte die Lampe», sage ich ihm, «ich leuchte dir und wir gehen in den Stall.» – «In Ordnung, halte du die Lampe», wiederholte Manolis. Ich schlief halb. Und es kam mir vor, als wären wir im Stall. «Siehst du so?» frage ich ihn und halte sie über mich, noch immer in der

Annahme, daß wir im Stall wären. Ich höre ihn schlafen und schlafe auch ein.

Wir wachen morgens um acht auf. Ich stoße mit meinen Beinen an etwas. Es war das Lampenglas. Mein Mann schlief noch und hielt die Lampe umarmt. Mittlerweile war das Petroleum ausgelaufen und wir waren über und über voll Öl. Noch heute wundere ich mich, wieso in jener Nacht kein Feuer ausgebrochen ist.

Wir sprangen erschrocken aus unseren Betten und liefen, um unserer Kuh die nächste Spritze zu geben, der es heute zum Glück besser ging.

19

Meine Tochter hatte begonnen zu laufen und ein paar Worte zu sprechen, als die Geburt unseres zweiten Kindes nahte. Meine Adoptivmutter hatte irgendwelche kleineren Beschwerden und ihr war oft schwindelig. Aber sie hielt durch.

Als «die Tage voll waren» vor der Geburt, bereite ich mich wieder vor, nehme meine Tochter mit mir und breche nach Thessaloniki auf. Meine Schwester wartete am Bahnhof auf mich und sagt mir lachend: «Schön, immer wenn du Kinder bekommst, kommst du, um uns zu sehen. Sonst würdest du nicht kommen. Mal sehen, mit welcher Hand du nächstes Jahr deinen Koffer trägst, wenn du zwei Kinder hast und eines im Bauch.» – «Sei ruhig», sage ich ihr, «zwei reichen.»

Die Großmütter waren verrückt nach der Kleinen. Sie taten alles, um mich zufriedenzustellen. Meine Schwestern gingen mit mir ins Kino und zu den Sehenswürdigkeiten Thessalonikis.

Eines Tages sehe ich auf dem Rückweg von einigen Einkäufen einen Schriftzug am Kino: «Unsere Frau Hebamme» – «Oh, den Film will ich sehen», sage ich zu meiner Schwester, «wir werden was zu lachen haben». «In Ordnung, wir kommen heute abend her», sagt sie.

Wir gehen nach Hause, ruhen uns aus und bereiten uns auf das Kino vor. Wir waren gerade fertig zum Gehen, als sich die ersten Anzeichen der Geburt einstellten. Ich sage ihr ins Ohr, was los ist. «Nein, dann gehen wir nicht ins Kino sondern ins Krankenhaus», antwortet sie. «Sag das nicht! Beim ersten Kind hat es vierundzwanzig Stunden gedauert, bis es geboren war. Jetzt schaffen wir es sogar noch zwei Filme zu sehen», sage ich zu ihr. Ich hatte eine große Leidenschaft für das Kino, weil wir damals selten gingen.

«Hör zu, Eleni, ich will kein Aufsehen erregen unter sovielen Leuten, du wirst noch im Kino gebären...». – «Nun ja, wo der Film «Unsere Frau Hebamme» heißt. Ruf sie, wenn ich eine brauche», sagte ich scherzhaft.

Mama hörte das so halb, sie war ja etwas schwerhörig. «Von welcher Hebamme redet ihr, die ihr rufen wollt? Geht sie nicht ins Krankenhaus?» – «Nein», sage ich, «ich gehe ins Kino».

Schließlich gingen wir erst ins Krankenhaus. Sie behalten mich dort, «weil das zweite Kind schneller kommt», so sagten sie. Die Zimmerchen waren klein, mit einem Bett, und die Hochschwangeren gingen auf dem großen Flur auf und ab und stöhnten vor Schmerzen. «Es scheint, daß es hier so ist, sie werden so ein System haben», denke ich und fange auch an zu stöhnen, zur Vollendung des... Chors.

Bald wurde mein Stöhnen echt und häufiger. «Du hast einen kleinen Jungen, herzlichen Glückwunsch», sagt die Hebamme. «Ja, wirklich? Heb ihn hoch, damit ich ihn sehe.»

Meine Augen füllten sich vor Freude mit Tränen. Ich dachte an meinen Mann, wie sehr würde er sich über seinen Sohn freuen und vor allem mein Papa, denn wir würden ihm seinen Namen geben, und er würde in der Nachbarschaft mit seinem Enkel angeben.

Ich sehe auf die Uhr, es war halb zehn. Das Kind wäre also sicher dort geboren worden. Meine Schwester hatte recht gehabt, als sie mich hierher brachte. Sie wartete draußen und kam bald herein. «Herzlichen Glückwunsch», sagte sie und küßte mich. «Siehst du, und du wolltest nicht ins Krankenhaus gehen. Was wohl passiert wäre? Ich gehe, um dir deinen Koffer zu holen und allen die guten Nachrichten zu bringen.»

Meine leibliche Mutter zündete die Kerze an, stellte sie vor die Ikone der Heiligen Barbara und schlug ihr Kreuz, um ihr zu danken, daß alles gutgegangen war.

Als mein Papa es im Dorf erfuhr, trank er einen ganzen Krug Uso vor Freude und gab dem ganzen Kafenio einen aus. Meine Adoptivmutter kam am nächsten Tag sofort zu mir: «Öffne das Tuch, damit ich es sehe», sagte sie.

Am Tag als ich aus dem Krankenhaus kam, füllte ich die Windeln des Säuglings mit verschiedenen Süßigkeiten und rief meine Tochter: «Komm, und sieh nach, was dein Brüderchen dir gebracht hat». Sie gab ihm Küßchen, wenn sie in den Windeln etwas fand. Wenn sie nichts fand, schlug sie ihn: «Böses Kind, heute hast du vergessen, mir etwas zu bringen».

Ich war jetzt zwanzig Jahre alt und hatte schon meine beiden Kinder. Viel Beschäftigung und reichlich Arbeit gab es mit den Kleinen. Außerdem achteten die Leute im Dorf auf alles: vierzig Tage lang ging eine Wöchnerin nicht raus. Erst mußte sie das Sarandisma in der Kirche machen, nämlich nach vierzig Tagen den Segen des Priesters einholen, und dann ging sie hinaus.

Ich hatte das Sarandisma noch nicht gemacht, als mein Vater wieder betrunken und Lieder singend nach Hause kam. Dieses Mal hatte er irgendeinen Freund mitgebracht, mit dem er oft trank. Meine Mama fürchtete irgendein Mißverständnis und lief zur Tür, wie immer, um ihn mit einem Lächeln zu empfangen.

Er tritt ein und das erste, was er fragte war, ob es Uso gäbe. «Nein, mein Thanassis, er ist uns ausgegangen.» – «Dann», sagte er, «gehst du zum Händler, holst ihn aus dem Bett und sagst ihm, Thanassis möchte Uso. Und wenn er ihn dir nicht gibt, dann reden wir weiter».

Meine Mama war aus Angst gezwungen zu gehen, auch wenn sie niemanden stören wollte. Denn wenn er betrunken war, schlug er sie sogar, wenn er sich über irgendetwas aufregte. Sie bringt den Uso, sie macht ihnen ein paar Kleinigkeiten zu essen, und während sie immer weiter trinken, ging sie aus und ein, um sei zu bedienen. Sie sangen sogar und durch das viele Trinken begannen sie wirr zu reden.

Wir wachten alle auf und ich ging hin, um zu sehen, was los ist. Meine Mama bekam Angst, es könnte irgendwelche Scherereien geben. «Komm, geh in dein Bett», sagte sie zu mir, «damit die Kinder nicht aufwachen». Im Morgengrauen ging der andere endlich und mein Papa fiel wie tot ins Bett.

Wir drehen das Licht klein, um wieder zu schlafen. Als ich gerade einschlief, fühle ich, wie meine Mutter mich anschubst und sagt: «Eleni, mein Kind, erschrick nicht, ich mußte husten und ich spucke Blut.» Ich steh auf, ich gehe ins Wohnzimmer, wo sie saß. Sie hatte eine Schüssel vor sich, hustete und spuckte Blut. «Ich wollte dich nicht wecken, mein Kind, aber wem soll ich meinen Kummer erzählen? Er ist ja vollkommen betrunken». – «Was soll das, Mama, du bist krank und machst dir Gedanken, weil du mich geweckt hast?»

Ich wecke meinen Mann: «Geh und hole den Arzt, Mama geht es nicht gut.» Ich lege sie in mein Bett, damit sie sich ausstrecken kann, und bringe die Babies ins Wohnzimmer.

Als der Arzt kam, war es schon hell geworden. Er war sich zwar noch nicht sicher mit der Diagnose, aber er vermutete Tuberkulose. «Niemand darf das Zimmer betreten», sagte er zu uns, «bis das Bluten aufhört und wir geröntgt haben». Er gab ihr eine Spritze, gab ihr Tabletten und ging.

Im anderen Zimmer schnarchte noch mein Papa, der keine Ahnung hatte, was in seinem Haus vor sich ging...

Als es fast Mittag war und er in aller Ruhe aufwachte, rief er: «Dimitria, ist der Trachanas fertig?» Ein Gestank von Alkoholausdünstungen und Zigarettenrauch drang in meine Nase. Ich ging schnurstracks zum Fenster. «Der Trachanas ist fertig», sage ich, «aber was ist mit Mama?».

«Was ist los?», fragt er und steht auf. «Was soll los sein? Du bist wieder betrunken heimgekommen. Die ganze Nacht war sie auf den Beinen, sie konnte nicht mehr, und wir haben den Arzt geholt.»

Zum ersten Mal in meinem Leben fühlte ich eine solche Kraft und eine solche Verantwortung in mir. Ich hatte alles gesagt und war erleichtert. Und er rannte ins andere Zimmer und begann schluchzend zu weinen. «Das nächste Mal trinke ich Gift», sagte er, »was habe ich mich so hinreißen lassen!

Mama ging es nach ein paar Tagen besser, aber sie blieb allein in ihrem Zimmer. Nur mein Papa und ich gingen hinein, brachten ihr das Essen und gingen sofort hinaus. Die Kinder zeigte ich ihr von der Tür aus.

Als wir die ersten Röntgenaufnahmen machen ließen und sahen, daß sie keine Tuberkulose hatte, freuten wir uns alle unvorstellbar. Danach begann sie langsam, sich aus dem Krankenbett zu erheben.

Danach erkrankte das Baby, gerade fünf Monate alt, an Lungenentzündung. Wir tauften es im Haus und fuhren sofort ins Krankenhaus nach Thessaloniki. «Komm nicht mit leeren Armen zurück», wünschte mir meine Mama. Nach zehn Tagen kamen wir mit dem Baby zurück.

Nach all diesen harten winterlichen Prüfungen verbrachten wir einen schönen Sommer 1959.

20

Mit dem ersten Herbstregen und der ersten Kälte wurde meine Mama wieder krank. Sie hatte unsägliche Schmerzen in ihrem rechten Arm und konnte ihn nicht mehr richtig bewegen. Mein Papa nimmt sie und bringt sie nach Thessaloniki in ein Krankenhaus, denn die Schwellung an ihrer Schulter ging nicht zurück. Dort arbeitete als Chirurg der Sohn der Familie, die in Katerini neben uns gewohnt hatte, bevor die Deutschen ihr Haus besetzten.

Nachdem sie in dem Monat, den sie sie dabehielten, alle Untersuchungen mit ihr gemacht hatten, schickten sie sie mit vielen Medikamenten nach Hause. «Was haben sie dir im Krankenhaus gesagt?», frage ich Mama. «Ich soll die Medikamente nehmen, bis die Schwellung abklingt» – diese hatte sich noch weiter ausgebreitet – «dann werden sie mich operieren».

Eines Tages sah ich sie, wie sie mit Sorgfalt ihre Kleider zurechtmachte und ihre Schuhe putzte. Sie bindet alles zu einem Bündel und schiebt es unter ihr Bett. «Was ist das, Mama?» – «Es kann sein, meine Tochter, daß ich eine Reise machen muß und ich sie brauchen werde», sagte sie mit einer Sicherheit und Treuherzigkeit, die viel sagte. Ich war entwaffnet. Ich konnte nicht einmal einen Scherz machen oder etwas Tröstendes und Ermutigendes sagen. Mir hatte es im wahrsten Sinne des Wortes die Sprache verschlagen...

Ab dann begann im Haus eine endlose Irrfahrt durch Krankheiten, Medikamente, Schmerzen, Seufzer und Trübsal. Mein Papa saß stundenlang in Gedanken versunken. Wenn er ins Kafenio ging, kam er immer betrunken zurück und weinte. Der Zustand meiner Mama verschlimmerte sich, und wenn sie ihre rechte Schulter rieb, sagte sie zu mir: «Ach, sieh, dort ist es, als wäre ein Lebewesen drinnen, das meine Knochen frißt.» – «Das ist nur deine Einbildung, Mama», sagte ich zu ihr, indem ich versuchte ihr etwas Mut zu machen.

Aber ich merkte, daß etwas nicht in Ordnung war. Ich schrieb damals dem Arzt, unserem Freund, einen Brief: «Ich mache mir Sorgen wegen Mama. Schreibe mir die Wahrheit, so bitter sie auch sein mag, weil es schlimmer wird.»

Ich erhielt die Antwort und fand nicht den Mut, den Brief zu öffnen. Ich fühlte, daß es schlechte Nachrichten sein würden: «Ich habe es auch Deinem Vater gesagt. Es wird nicht heilen. Gebt ihr Mut. Solange sie durchhalten kann, ist es gut. Wir sind auch alle traurig. Habt Kraft. Panajis.»

Er brachte es nicht über sich, das verfluchte Wort zu schreiben: «Krebs». Auch heute vermeidet man es in unserer Gegend und in ganz Griechenland im täglichen Gespräch, den Namen dieser unheilbaren Krankheit zu verwenden. «Er hat die schlimme Krankheit», sagen alle. Die Ärzte benutzen in Briefen und am Telefon eine andere Sprache.

Es verstrichen sieben Monate, quälende, bedrückende, ermüdende. Solange sie bei Bewußtsein war, schlief ich neben ihr, denn zum Schluß bekam sie Angstzustände. Wenn einige Zeit vergangen war und die Wirkung der Morphiumspritze, die wir ihr gaben, nachließ, wurde sie von Schmerzen geschüttelt, und sie bat selbst um die nächste.

Mein Mann war den ganzen Tag bei der Arbeit und mein Papa verließ das Kafenio nicht. Jetzt trank er jeden Tag und viel mehr, um zu vergessen, wie er sagte. Ich mußte mich um die Kinder, den Haushalt und um meine kranke Mama kümmern.

Als meine leibliche Mama von ihrer Krankheit erfuhr, kam sie sofort, um nach ihr zu sehen. «Barbara», sagte diese, «ich bin an meinem Ende. Bald übergebe ich dir deine Tochter, die mir ein wenig Licht in meinem dunklen Leben gab. Ich danke dir für deine Geduld und für die Freude, die du mir gabst, indem du mir ein Kind schenktest. Jetzt, wo es mich nicht mehr geben wird, hilf ihr bei ihren Kindern. Sie ist noch so jung. Ich habe sie außerdem verwöhnt und sie braucht Hilfe....»

Meine gute, unschätzbare Mama! Mit deiner Liebe hast du mein Herz gewonnen. Du warst mir wie eine wirkliche Mama. Bis zu deinem Ende hast du dich um mich mit einer Zärtlichkeit gekümmert, als wäre ich die kleine Eleni, das Kindchen von fünf Jahren...Und du sprachst über die tragischste Tatsache der Welt, über deinen Tod, mit einer Einfachheit und mit einem Mut, der niemanden erschreckte. Wie du mich richtig durch die Probleme des Lebens geführt hast, so hast du mir den Horizont über das Leben hinaus geöffnet, auf den Tod, schlicht, natürlich, im Glauben...

Meine Augen trübten sich, als würden sie meine trübe Seele widerspiegeln. Ich ging hinaus und ließ die beiden zum Reden allein.

Beide Frauen waren leidgeprüft und glücklos. Meine leibliche Mutter ging, und ich blieb wieder bei meiner kranken Mama.

«Eleni», sagte sie einmal zu mir, «wenn du mich ohnmächtig siehst, hab keine Angst. Rufe die Nachbarin, sie weiß Bescheid. Hier unter dem Bett, in dem Bündel, habe ich einige neue Kleider aufbewahrt, zeig ihr das, damit sie es mir anzieht. » – «Wieder dasselbe Mama, wo ich dir doch sage, daß du gesund wirst», sagte ich laut zu ihr.

Zum Schluß war sie nur noch Haut und Knochen. Nur ihre entstellte rechte Schulter sah man durch ihr Nachthemd. Sie aß überhaupt nichts. Sie trank nur, aber selbst das Wasser erschien ihr dickflüssig, sie bekam es nicht hinunter.

Ich hatte etwa eine Woche nicht mehr bei ihr geschlafen. Durch die Morphiumspritzen, die wir ihr gaben, schlief sie andauernd. Wenn sie kurz ihre Augen öffnete, fragte sie mich besorgt: «Ist dein Vater noch nicht gekommen? Ach, er trinkt wohl wieder.» Dieser Kummer fraß in ihr bis zum Schluß.

Jetzt war sie schließlich in Teilnahmslosigkeit verfallen. Mein Onkel Stamatis war jetzt seit Tagen bei uns, seit sich ihr Zustand verschlimmert hatte. Ich sah, wie sich ihr Körper langsam auflöste und nur die Seele nackt zurückblieb, sie war bereit auch diese zu übergeben. Sie war nur noch ein Atemzug, flüchtig in der falschen Welt, sie hatte alles vergessen. Sie fürchtete weder die Vertreibung aus Smyrna noch den Hunger, noch den Krieg, nicht einmal ihren betrunkenen Mann. In ihrem kurzen, qualvollen und verlorenen Leben hatte sie nicht einmal einer Ameise etwas zuleide getan.

Ich saß ihr gegenüber und betrachtete sie. Sie atmete dreimal hintereinander ein, und der letzte Atem ging am Schluß von alleine aus. Das ist das Leben, dachte ich. Ein Atemzug. Die Erde gebiert und verschlingt ihre Kinder. Sie gebiert wieder, ißt sie wieder. Und sie war gerade achtundvierzig Jahre alt.

Ich begann zu weinen, sie holten mich raus, und Onkel Stamatis übernahm sie, der für so etwas zuständig war. Aber ich hatte ihr Bündel hervorgeholt, wie sie es mir geraten hatte. Sie hatte alles vorbereitet: Ihr besticktes Leichentuch, ihr Bettlaken, das gute Kostüm, das sie zu meiner Hochzeit getragen hatte, und ihre Schuhe, geputzt und sauber.

Sie war bereit für ihre letzte Reise. Und sie hatte so wenige in ihrem Leben gemacht. Und jetzt eine Reise ohne Wiederkehr.

Wir riefen meinen Papa aus dem Kafenio. Er war wieder betrunken und er kam torkelnd. Er fing an, für sie ein schmerzvolles Lied aus Smyrna zu singen, mit seiner zitternden, betrunkenen Stimme: «Steh auf, Dimitria, damit wir es zusammen singen. Der Tod hat heute an meine Türe geklopft und hat meine Gefährtin mitgenommen. Aman,

aman. Geh nicht mit ihm, meine Gefährtin, du bist noch jung und ich brauche dich. Aman, aman. Schwarzer Rauch steigt aus meinem Kamin, so wie aus meinem Herzen. Aman, aman. Ich kann nichts mehr für dich tun, meine Dimitria, ich kann nur um dich weinen.» Das war das Lied des Todes.

Wir saßen alle um den einfachen Sarg herum und leisteten ihr Gesellschaft, in ihrer letzten Nacht in ihrem Haus. Sie sah in ihren guten Kleidern aus, als würde sie schlafen. Und um sie herum und in ihren Händen lagen viele Blumen aus unserem Garten.

Am nächsten Tag fand die Beerdigung statt. Ich sah, wie die gefräßige Erde ihren gequälten Körper in ihren Schoß nahm. Und wie das Loch mit Erde gefüllt wurde. Jetzt war alles vorbei.

Man spürte ihre Abwesenheit im Haus. Das Zimmer, in dem sie lange krank gelegen hatte, machte mir Angst. Ich weinte tagelang, als ich ihre Sachen und Kleider aufräumte. Ich war immer aufgeregt, wenn ich etwas in den Taschen ihrer Kleidung fand.

Ich machte viele schwere Tage durch. Die meiste Arbeit blieb an mir hängen. Mein Mann arbeitete bis zum Abend in den Obstgärten, und bis er nach Hause zurückkehrte, mußte ich alles geschafft haben.

«Ich gehe», sagte mein Papa, er trug seinen Strohhut. «Ich werde heute wieder dreschen, und heute abend bringe ich das Getreide. Du, meine Tochter, fülle soviel Getreide wie möglich aus der Kammer, wo wir es lagern in die Fässer in der Vorratskammer, damit Platz für das neue ist.»

Als die Kinder am Morgen aufgestanden waren, hatte ich schon viele Fässer gefüllt und fiel fast um vor Erschöpfung. Sie liefen hinter mir her, wühlten im Getreide und quengelten, daß sie essen wollten. Ich gebe ihnen etwas Brot und Käse in die Hand und fülle weiter den Eimer und leere ihn wieder. Ich rechnete damit, bis zum Abend fertig zu sein, damit sie das neue hineinwerfen konnten, das sie bringen würden.

Vertieft in die Arbeit achtete ich nicht so sehr auf die Kinder, die weinten. Als ich sah, daß mein Sohn sich übergab und vor Schmerzen weinte, erschrak ich. Ich nehme ihn in die Arme und bringe ihn schnell zum Gemeindearzt. «Eine Lebensmittelvergiftung», sagte er. «Sein Magen muß ausgepumpt werden. Wir haben die Möglichkeit hier nicht, du mußt ihn ins Krankenhaus bringen».

Was solte ich jetzt tun? Ich war allein. Ich lasse meine Tochter bei der Nachbarin, gehe auf die Hauptstraße des Dorfes und winke mit der Hand den wenigen Autos, die vorbeikamen. Der Bus fuhr jede Stunde, und das wäre zu spät gewesen für meine Kind, das halb ohnmächtig in meinen Armen hing. «Heilige Muttergottes, hilf uns», sagte ich.

Zu meinem Glück hielt ein Lastwagen an. Ich hatte mitten auf der Straße gestanden, und ob er wollte oder nicht, er mußte halten.

«Ich bitte dich, bring mich bis zum Krankenhaus, ein anderes Verkehrsmittel habe ich nicht.» Wir hielten am ersten, das wir fanden. Sie nahmen uns nicht auf: «Wir haben hier keine Kinderstation, und wenn dem Kind etwas passiert, sind wir verantwortlich. Dort hinten gibt es einen

Kinderarzt». Der Kinderarzt sagt auf einen Blick: «Dem Kind geht es sehr schlecht. Ich kann in der Praxis nichts machen. Sie müssen ins Krankenhaus gehen».

«Aber von dort kommen wir, sie haben uns zu ihnen geschickt». «Dann müssen sie es ins andere Krankenhaus bringen, da gibt es einen Kinderarzt.» Ich nehme wieder das Kind, es war schon bewußtlos. Ich rede mit ihm, bewege es, keine Reaktion! Ich betrete energisch das nächste Krankenhaus: «Ich bitte Sie, tun Sie etwas, ich werde mein Kind verlieren!». – «Der Kinderarzt ist im Moment nicht da, aber wir werden tun, was wir können.» Sie nahmen ihn in den Krankensaal und als sie den Schlauch bis zum Magen führten, ging ich hinaus. Ich ertrug es nicht. Kurz darauf hörte ich sein leises Weinen. «Er muß hier ein paar Tage bleiben, weil die Vergiftung bis ins Blut gedrungen ist», sagte der Arzt. «Was hat er gegessen?» – «Käse» – «Hat vielleicht noch jemand anderes von demselben Käse gegessen?» – «Ach ja, meine Tochter! Daran habe ich überhaupt nicht gedacht. Ich gehe Herr Doktor, und ich komme gleich wieder».

Ich erinnere mich nicht einmal mehr, wie ich wieder ins Dorf gekommen bin, und meine Tochter beim Gemeindearzt fand, der ihr Erste Hilfe gab. Die Nachbarin hatte sie hingebracht, als sich die ersten Vergiftungserscheinungen zeigten.

Ich kehre nach Hause zurück. Das restliche Getreide taten wir wieder in die Kammer. Am nächsten Tag sollte ich wieder mit dem Tragen anfangen. Mama war nicht mehr da und alle Verantwortung lastete jetzt auf mir. Ich mußte mich um die Kinder kümmern, zwei Männer versorgen, das Haus, und jeden Abend in der Angst leben, daß mein Papa betrunken nach Hause kam.

Er trank fast jeden Abend. Er hatte nicht mehr Dimitria, die ihn an der Tür erwartete, und er rief nach mir. Er redete und redete bis er in Schlaf fiel, und ich mußte sitzen und ihm zuhören.

Mein Leben trat in einen gefährlichen Teufelskreis...

Ich fühlte mich wie die Wurzel eines Baumes, die in der Erde eingegraben war, und von dort bemühte ich mich, meine Zweige wachsen zu lassen, ohne daß ich sie sah, ohne daß ich sie fühlte, ohne daß ich mit ihnen vereint war...

Ich war da um meiner Familie dienlich zu sein, für mich selber tat ich nicht das geringste. Ich fühlte mich für alles so schwach, so kraftlos; und von Zeit zu Zeit wollte ich nicht einmal ihre Fragen beantworten.

Ich sah, daß auch mein eigenes Leben verloren sein würde wie das meiner Mama. Aber ich wollte ein normales Leben führen und ich kämpfte darum, eine Lösung zu finden. Ich hatte in meinem Kopf ein wirres Büschel Haare. Ich mußte es so schnell wie möglich entwirren, sonst wäre ich verloren.

Mir erschien die Decke niedrig, die Wände eng, öde, sie nahmen mir den Atem. Ich wollte hinauslaufen und schreien: «Etwas Luft, ich ersticke. Ich bin jung, ich will endlich unbesorgt leben und nicht nur von den anderen abhängen.»

«Wir müßten von hier weg», sagte mein Mann. «Das ist besser für uns alle, wir werden Ruhe finden. Wir werden es allein schaffen, auch wenn wir nichts besitzen. Wenn wir uns unsere körperliche und geistige Gesundheit erhalten, geht auch alles andere.»

Ich konnte mich aus verschiedenen Gründen nicht entschließen: Erstens fürchtete ich den Widerstand meines Papas und zweitens tat es mir leid, wenn er völlig allein bleiben würde. So viele Jahre schwerer Unterdrückung, mit der uneingeschränkten Unterordnung und Barmherzigkeit meiner Mutter als einzigem Vorbild, machten mich unfähig für jegliche Standhaftigkeit.

Die Lösung fand mein Mann. Eines Tages sagte er zu Papa: »Wenn du so weiter machst, nehme ich meine Frau und wir gehen». Das mißfiel ihm sehr, denn er war es nicht gewöhnt, daß ein anderer außer ihm im Hause befahl und eine Entscheidung traf. «Wenn meine Tochter von hier weggeht, lege ich alles in Schutt und Asche», rief er und ging ins Kafenio.

Ich machte die ganze Nacht kein Auge zu, ich wartete auf ihn. Ich wußte schon, daß er wieder betrunken zurückkommen würde und zitterte bei dem Gedanken, daß er Krach machen könnte.

Vor lauter Strapazen aß ich überhaupt nichts mehr und bestand nur noch aus Haut und Knochen.

Ich hörte ihn im Morgengrauen und zögerte, hinauszugehen, damit die Kinder und Manolis nicht wach würden. Er legte sich nicht hin. Er ging aus und ein. Der Geruch von Petroleum drang in meine Nase. Ich sprang aus dem Bett und fand Papa in der Küche. Er hielt die Streichhölzer, um Feuer im Haus zu legen, er hatte überall Petroleum vergossen.

«Was machst du, Papa?» brüllte ich.

«Ich werde das verfluchte Haus abbrennen», sagte er. «Ich werde es in Schutt und Asche legen, weil du gehst». «Und meine Kinder? Hast du nicht an die gedacht, die drinnen schlafen? Willst du uns also alle verbrennen? War das deine Liebe zu mir? Willst du in einer Nacht alles zerstören, was du in so vielen Jahren so schön aufgebaut hast? Indem du mich aufzogst, hast du eine Kirche erbaut, so hast du es ausgedrückt. Gehst du also hin, und reißt sie ein?»

Er hörte mich mit gesenktem Kopf an, ohne zu reden. Ich wundere mich, wie ich die Kraft fand, ihn von hinten zu halten und und ihn aus der Küche zu ziehen. Die Streichhölzer, die er in seinen Händen hielt, bereit sie anzuzünden, gab er mir freiwillig. Er legte sich in sein Bett, so wie er war. Ich begann, ihn zu beruhigen, bis er einschlief.

Am Morgen ging mein Mann nicht zur Arbeit. Er fand ein verlassenes Haus im Dorf, sprach mit der Hausbesitzerin und mietete es.

«Wir gehen», sagte er zu mir, als er zurückkehrte. «Pack unsere Sachen. Hier haben wir keine Zukunft mehr. Ich hole den Karren, um alles aufzuladen».

Ich verlor fast die Besinnung, mir verschlug es die Sprache. «Hör auf, Manolis», sage ich zu ihm, «laß uns darüber reden». – «Wir haben nichts zu reden, ich habe es beschlossen und wir gehen».

Ich wußte nicht, was ich tat. Ich ging zum Spiegel um mich zu kämmen. Ich sah mein Gesicht, das blaß und eingefallen war. Ein krankes Gesicht, genau wie meine Seele. Ein Wrack. Ich fühlte nichts in diesem Moment. Ich war ein Nichts. Ich wußte nicht, was ich wollte. Eine Stimme in mir sagte: «Geh, solange Zeit ist... Jetzt gehörst du deiner Familie. Deine Kinder brauchen eine gesunde Mama». Und eine zweite Stimme widersprach: «Was willst du tun? Er hat sich einmal für dich aufgeopfert, um dich großzuziehen. Und jetzt, wo er seine Stütze verloren hat, seine Frau, und er dich braucht, gehst du?»

Ich war hin und hergerissen, meine Gedanken waren wirr. «Mein Gott, sag mir, was ist das Richtige, das ich tun soll? Ich halte es nicht mehr aus».

In der Zwischenzeit ging Papa in den Zimmern aus und ein und seufzte. Wieder stieß er hintereinander dieses «Uff, uff» aus... Er drehte eine Zigarette nach der anderen und verfluchte die Stunde seiner Geburt.

«Papa, ich werde oft kommen, um nach dir zu sehen. Ich werde dir die Hausarbeit machen, bis die Dinge sich beruhigen, und dann sehen wir weiter. Und außerdem bist du noch jung. Du könntest eine Frau finden und heiraten. Wenn du mich brauchst, weißt du, wo ich wohne. Komm dann».

Er hörte nur zu, er sagte nichts und machte sich wieder auf den Weg ins Kafenio. Ich blieb am selben Fleck sitzen, bis mein Mann mit dem Karren wiederkehrte. «Was hast du so lange gemacht?» fragte er mich. «Hast du noch nichts gepackt?» – «Was sollen wir packen? Wir nehmen nur die Kinderbetten, unsere Kleider, eine Couch und alles, was uns gehört. Ich will sonst nichts mehr mitnehmen. Es reicht, daß wir ihm sein Herz leer machen, ich will ihm nicht auch noch das Haus leeren».

Ich erhebe mich mit langsamen Schritten, verzweifelt. Wir beginnen die wenigen Sachen, die wir haben auf den Karren zu laden. Kinderstühlchen, Kinderbettchen und unsere Kleider. Es füllte nicht einmal den halben Karren. Ein unbedeutendes Vermögen, aber für uns unschätzbar.

Die Kinder laufen mir um die Beine und meine Tochter fragt mich: «Mama, gehen wir weg? Wohin gehen wir? Nehmen wir den Opa mit uns?» – «Frag nicht soviel», sage ich ihr ins Gesicht. Ich war nicht in der Lage, ihr eine Antwort zu geben. Ich greife sie und setze sie auf den Karren.

Wir waren fertig zum Aufbruch. Ohne Haus, ohne Habe oder Geld, ohne sichere Arbeit, unser ganzes Vermögen ein halber Karren voller Sachen.... Aber wir fürchteten uns nicht, daß wir es nicht weiterbringen würden.

Ich zog die Tür hinter mir zu, und das Haus glich einem Toten. Es kam mir vor, als würde meine Mutter Dimitria auf der Schwelle stehen, zum Abschied mit der Hand winken und zu mir sagen: «Mach's gut, meine Tochter, nimm meinen Segen».

Unser Hund lief zwischen dem Hof und unserem Karren hin und her. Auch er wußte nicht, wohin er gehen sollte. Ich rief ihn und er folgte uns, bis zu dem Haus, das wir gemietet hatten, und als wir gerade anfingen, unsere Sachen abzuladen, lief er zurück zum alten Haus. «Komm morgen wieder», rief ich ihm zu. «Jetzt weißt du wo ich wohne». Als ich am nächsten Tag aufstand, fand ich ihn vor der Tür.

21

Es war ein kleines Häuschen mit einem riesigen Garten. Es war verlassen worden und war ungepflegt. Es gab wilde Rosen, Margeriten und Klatschmohn. Die Bäume waren unbeschnitten, überall dazwischen wuchs Gras. Sogar der Hof war zugewachsen. Der Jasmin und das Geißblatt mischten ihre Gerüche und die Umgebung duftete.

Wir mühten uns einen Monat damit ab, alles in Ordnung zu bringen. Mein Mann übernahm den Garten und ich das Haus. Ich säuberte gerade die Fensterrahmen, die voller Spinnweben waren, und das Innere roch nach Schimmel, ich lüftete und es war nicht wiederzuerkennen.

Ab und zu ging ich zu meinem Papa, aber er war nie da. «Was soll ich im Haus, meine Tochter, erwartet mich denn noch jemand?» sagte er an einem Tag, als ich ihn dort antraf. Ich fand alles an derselben Stelle vor, so wie ich es hinterlassen hatte, als ich ging. Er hatte nichts angerührt. Seine Hemden hingen schmutzig am Bügel, und die Töpfe in der Küche waren leer. Eine Flasche Uso stand angebrochen auf dem Tisch, neben einem Glas, ohne eine Vorspeise, obwohl er gewöhnlich dazu aß, wenn er trank.

Ich war sehr bekümmert und brachte alles im Haus in Ordnung, aber bis wann könnte ich das machen? Man merkte deutlich, daß die Hausfrau fehlte, denn mein Vater war verwöhnt. Er wollte alles fertig in der Hand haben, und er fand es, solange Dimitria lebte. Aber was würde geschehen? Die einzige Lösung wäre, daß er wieder heiratete, aber mit solchen Angewohnheiten, die er hatte, wer sollte sich dazu durchringen, ihn zu nehmen.

In unser eigenes Haus kam er nie. Er hatte sich über meinen Mann geärgert. Er konnte es ihm nicht vergessen, daß er mich genommen und weggebracht hatte. Er glaubte, daß immer nur er alles regeln und bestimmen durfte.

Es war noch kein Monat vergangen, seitdem wir das Haus meines Papas verlassen hatten, und eines Tages besuchte mich eine Nachbarin, eine Freundin der seligen Mama. Sie war ziemlich aufgeregt und erzählt mir sofort: «Gestern abend ist mir deine Mutter, die Dimitria, erschienen.» – «Was erzählst du da, Frau Vassiliki, glaubst du an Träume und an Gespenster?» – «Nein», sagt sie mir. «Aber ich kann das, was passiert ist, auch nicht erklären.» – «Was ist passiert? Erzähl es doch, ich will es wissen.» – «Ich höre in der Nacht, wie deine Mutter mich ruft. Frau Vassiliki, Frau Vassiliki! Ich gehe auf den Balkon hinaus. Deine Mutter stand auf der Straße, in demselben Kostüm, in dem ihr sie begraben habt, und sie fragt mich: «Meine beste Frau Vassiliki, weißt du vielleicht, wohin meine kleine Eleni gegangen ist? Ich streiche seit so vielen Wochen über das Haus und sehe sie nicht, weder sie noch ihre Kinder.» – «Ja», sage ich ihr, «sie sind umgezogen. Sie wohnen im Haus von Frau Olga, im oberen Viertel.» – «Gott sei Dank», sagte sie und verschwand. «Sag nicht sowas, Frau Vassiliki, hast du sie in deinem Traum gesehen?» – «Ich sage es dir doch, es war kein Traum, glaubst du mir nicht? Ich sehe auf die Uhr, es war zwei Uhr in der Nacht und ich konnte nicht wieder einschlafen. Ich saß bis zum Morgen auf dem

Balkon. Außerdem fliegen die Seelen vierzig Tage lang über uns, ohne daß wir es bemerken. Sie werden zu Geistern und erscheinen, wo sie wollen. Manchmal, um die Lebenden zu beruhigen, und manchmal, um sie in Unruhe zu versetzen», sagt sie zu mir.

«Wenn das so ist, beruhige dich, mein Mütterchen», sage ich, «uns geht es allen gut.» Ich schlug den Weg zum Friedhof ein. Ich zündete ihr Öllämpchen an und ein paar Kerzen.

Neben dem Grab meiner Mama weinte wieder ein junger Mann um seine Mutter. Der Junge war etwa dreißig Jahre alt, aber er war geistesgestört. Er kam jeden Tag zu den Gräbern und sprach mit der Fotografie seine Mutter. Er erzählte ihr Verschiedenes: Daß er alleine blieb, daß er niemanden zu Hause antraf, daß er keine Gesellschaft hatte und daß sich einige Kinder über ihn lustig machten. «Steh auf, Mama», rief er, «laß uns gehen, damit ich dir zeige, welche Kinder mich hänseln. Laß uns nach Hause gehen, damit du mir Essen kochst, ich habe Hunger. Tante Melpomeni bringt mir regelmäßig Essen, aber ich will dich.»

Er dreht sich zu mir um und sagt zu mir: «Da, hier haben die bösen Menschen meine Mama hineingelegt. Ich habe geschrien, damit sie sie nicht hineinlegen, aber niemand hat auf mich gehört. Ich möchte die Erde wegbuddeln, um sie herauszuholen, aber sie lassen mich nicht.» – «Weine nicht», sage ich ihm und mein Herz brach. «Auch meine eigene Mama ist hier.» – «Ja? Und sie haben auch nicht auf dich gehört, als du ihnen sagtest, daß sie sie nicht eingraben sollen?»

Dann beugt er sich an mein Ohr und sagt mir leise: «Was meinst du, sollen wir in der Nacht kommen, um sie auszugraben?» Kalter Schweiß trat mir auf meine Stirn... Mir schauderte. Was sollte ich dem jungen Mann sagen? Er lebte in seiner eigenen Welt, in der die Lebenden und die Toten zusammenleben.

22

Es war etwa ein Jahr vergangen, seitdem wir das Haus meines Papas verlassen hatten. In diesem Zeitraum kamen mich meine Angehörigen oft aus Thessaloniki besuchen. Damals erfuhr ich von meiner leiblichen Mutter, daß sie einige Milchbrüder hatte, die in Deutschland eine gute Arbeit hatten.

«Gib mir doch die Adresse, damit ich ihnen schreibe», sage ich zu ihr, «vielleicht nehmen sie auch uns, damit wir dem Elend entkommen.

Ich erhielt die Adresse, abe ich konnte mich noch nicht dazu durchringen, zu schreiben.

Auch meine Großmutter kam uns besuchen. Es gefiel ihr und sie wohnte etwas bei mir, so hatte ich Gesellschaft. Aber sie war sehr alt, sie erkältete sich und erkrankte schwer. Als sich ihr Zustand verschlimmerte, schickte ich ein Telegramm nach Thessaloniki, und meine Familie kam. Alle versammelten sich um sie; sie verstand, daß ihre letzte Stunde gekommen war, und gab uns allen ihren Segen.

Auch unser Cousin Kostas kam, der damals Soldat war. Die Oma hatte eine große Vorliebe für ihn. Sie hielt seine Hand und ließ ihn nicht von ihrer Seite weichen. Dann dreht sie sich zu mir und sagt: «Wer mir das gesagt hätte, ich hätte es nicht geglaubt, daß ich im Haus des Mädchens, das wir weggegeben haben, meinen letzten Atemzug tun würde.

Zwei Tage später starb sie. Es gingen wieder alle und ich war in großem Aufruhr; ich dachte wieder an Deutschland als eine bessere Lösung.

Es waren die Tage vor Weihnachten 1960. Ich formte Kringel und die Kinder waren auf den Tisch geklettert und sahen zu.

Es klopfte an der Tür. «Ja», rufe ich, «wer ist da?» Niemand öffnete und ich wunderte mich. Es klopft wieder, ich gehe öffnen und sehe meinen Papa. Er war wieder betrunken, aber nicht sehr. Es regnete draußen und er war durchnäßt, aber das kümmerte ihn nicht. Er kam zum ersten Mal in mein Haus, und er zögerte einzutreten. «Ah, willkommen Papa», sage ich ihm, «komm herein.» Die Kinder rennen in seine Arme: «Opa ist gekommen, wie schön.» Er stand noch im Regen. Ich nehme ihn bei der Hand und ziehe ihn ins Innere. Er fing an zu weinen.

«Meine Tochter, ich kann nicht mehr alleine leben. Je mehr sich die Feiertage nähern und ich mich daran erinnere, wie schön wir sie alle miteinander verbracht haben, könnte ich verrückt werden. Kommt doch zurück. Ich werde versuchen, mit dem Trinken aufzuhören.»

«Papa, es ist schwierig für mich. Und wenn ich wollte, mein Mann will nicht. Deshalb wird die beste Lösung für uns alle sein, daß du wiede heiratest.»

Ich wunderte mich über mich selber und über meinen Vater. War ich das, die kleine Eleni, die ihm solche harten Ratschläge gab, während er schwach, gehorsam und verlegen vor mir stand? Wir beide schienen gereift zu sein. Ich, Frau eines Mannes, der mich aufrichtig liebte, und Mutter zweier Kinder, mit Verantwortung und Liebe, und mein Papa, alleine, ohne Menschen, denen er befehlen und gebieten konnte.

Mein Vater zögerte etwas, zu reden, und dann setzte er hinzu: «Mir ist eine ältere Frau aus einem Dorf vermittelt worden, aber ich kann mich nicht entschließen. Und ich habe auch kein Geld. So ist das nun mal, man muß Geld haben. Jetzt, da ich nicht arbeite, wo soll ich es da hernehmen?»

Ich lasse ihn mit den Kindern alleine und gehe in das andere Zimmer, wo wir in einer Schublade etwas Erspartes hatten. Ich dachte an nichts: Weder, was mein Mann sagen würde, noch, daß wir mit dem Geld für die Feiertage hatten einkaufen wollen. «Nimm es», sage ich ihm, «und entschließe dich, zu heiraten. Du bist noch jung und brauchst deshalb eine Gefährtin. Es gibt soviele Frauen, die auch Gesellschaft suchen. Ich kann dir nur raten, mit dem Trinken aufzuhören.» Er bleib noch etwas sitzen, und ging irgendwie fröhlich.

Unser Hund ging mit ihm und wedelte mit dem Schwanz. Er hatte den Weg gelernt und kam und ging dauernd. Nach ein paar Tagen erfuhr ich von einer Nachbarin, daß mein Vater schließlich diese Frau in ihrem Dorf geheiratet hatte und sie danach in sein Dorf gebracht hatte. Arme Mama... Deinen Platz hat eine andere eingenommen, deine Blumen gießt eine andere... Aber wir sind nicht eifersüchtig. Wir wollen, daß Papa Gesellschaft hat. Einsamkeit ist schwierig. Das wissen wir, wir haben es erlebt und erlitten.

Jetzt hielt mich nichts mehr im Dorf. Ich wollte so schnell wie möglich weg, und dieses Mal weit. Ich faßte endlich mit Manolis den Entschluß, nach Deutschland zu gehen. Jetzt wäre ich in Bezug auf meinen Vater ruhig.

Ich nehme Stift und Papier und schreibe meinem Onkel in Deutschland. «Mein lieber Onkel. Du kennst mich nicht, ich bin Eleni, die verlorene Tochter deiner Schwester Barbara. Wenn du kannst, mach für uns die Papiere, für mich und meinen Mann, fertig, damit wir nach Deutschland kommen, um zu arbeiten.»

Ich wartete voll Ungeduld auf seinen Brief. Aber zu unserer großen Freude kam er selber. Der «Kontrakt», also der Arbeitsvertrag, war unterwegs. Sein eigener Chef hatte ihn uns geschickt.

Jetzt begannen mich die Gedanken um die Kinder zu quälen. Wem würden wir sie für etwa zwei Jahre anvertrauen können? Ich schreibe meiner Mutter Barbara einen Brief, und einen meiner Schwiegermutter. Und ich erhalte die Antwort.

«Meine liebe Tochter Eleni.

Es mag dir schwerfallen, mich Mutter zu nennen, und du nennst mich ganz zu Recht noch Tante, denn für dich ist deine Mutter die selige Dimitria. Aber auch ich bin deine Mutter und ich fühle mit dir. Und das, was ich für dich nicht habe tun können, das will ich mich bemühen, für deine Kinder zu tun. Vielleicht beruhige ich so auch ein wenig mein Gewissen, indem ich dir etwas anbiete, wenn auch erst jetzt, denn ich konnte es nicht, solange du klein warst.

Bringe mir doch deine Kinder und sei dort ohne Sorge, wo du hingehst.

In Liebe, deine Mama Barbara.»

Wir erhalten auch einen Brief von meiner Schwiegermutter. Auch sie bietet an, sie aufzunehmen, aber weil sie viel Arbeit hatten, entschlossen wir uns, eines bei der einen Großmutter zu lassen und eines bei der anderen. Obwohl auch ich bis vor kurzer Zeit ein Opfer gewesen bin, faßte ich, wenn auch nur für kurz, einen ähnlichen Entschluß wie meine Mama. Nämlich, meine Kinder für kurze Zeit alleine zu lassen...

Wir fuhren nach Thessaloniki zur Arbeitsvermittlung, der namentliche Kontrakt war angekommen. Jetzt mußten wir noch durch die ärztlichen Untersuchungen, und wenn wir gesund wären, würden wir den langersehnten Stempel bekommen. Die deutschen Ärzte waren ein bißchen pingelig bei der Untersuchung, sie mußten alles untersuchen: Zähne, Augen, Brustkorb, Urin, Blut, Beine, gesunde Arme, geistig frisch, damit wir es ohne unsere Familien aushielten, die viel Arbeit, die Überstunden, das Klima. Es dauerte einige Tage, bis sie die Ergebnisse bekanntgaben. Wir warteten voller Unruhe, nicht wegen unserer Gesundheit, sondern vielmehr, ob sie uns annahmen, damit wir gehen konnten. Wir blieben einige Tage bei meiner Mutter und gingen jeden Tag, um die Papiere in Ordnung zu bringen. Bis die Ergebnisse kamen: Wir waren tauglich für die Arbeit.... Die restlichen Papiere wurden abgestempelt, das Abreisedatum wurde festgelegt und wir fuhren ins Dorf, um uns vorzubereiten. Das einzige, was wir wußten, war, daß wir in eine Fabrik gingen, die verschiedene Ersatzteile aus Metall fertigte. Für ein Jahr waren wir verpflichtet, nur dort zu arbeiten,und danach konnten wir, falls es uns nicht gefiel, überall sonst hingehen. Die Abmachungen, die beide Staaten miteinander getroffen hatten, kannten nur die Großen. Die hatten sie mit verschiedenen Klauseln in ihre allwissenden Bücher geschrieben. Uns genügt der Umschlag mit den verschiedenen Papieren, die wir mit uns auf die Reise nahmen. Was erwartete uns? Überraschung, Enttäuschung, Freude, Leid, Sprachschwierigkeiten, Schwierigkeiten beim Wohnen. Wir wußten nichts von alledem. Trotzdem waren wir fröhlich, als wir abfuhren.

Da uns noch etwa zehn Tage blieben, bis wir abreisten, begannen wir, unseren Haushalt aufzulösen, den wir gerade einigermaßen in Ordnung gebracht hatten.

Wir teilten unsere Kleidung in drei Teile: unsere Sachen für Deutschland extra, getrennt die meiner Tochter für Ptolemaida und getrennt die meines Sohnes für Thessaloniki.

Die erste Trennung war die, von unserer Tochter. Wir brachten sie alle hin und sagten ihr auf dem Weg: «Sei ja brav, höre auf die Großmutter, und wir kommen bald zurück. Wir werden an dich denken, wir werden dir schreiben und deine Tante wird dir den Brief vorlesen».

Sie sah uns traurig an und sagte: «Ja, ja, ich werde auf euch warten.» Sie blieb in meiner Nähe und hielt mein Kleid fest, so wie ich mich auch an meiner Mutter Barbara festgehalten hatte, vor vielen Jahren. Meine Tochter war im selben Alter, wie ich damals gewesen war. Ich sah sie an und mir war nicht danach zumute, sie alleinzulassen und wegzufahren.

Ich erinnerte mich an das Versprechen, das ich ihr bei ihrer Geburt gegeben hatte, daß wir uns nicht trennen würden. Aber ich konnte mein Wort nicht halten und ein Messer stach mir ins Herz, immer tiefer.

Aber der Fall lag jetzt anders und ich konnte nicht anders handeln. Wir gingen mit einem Arbeitsvertrag für ein Jahr nach Deutschland. Wir würden in einem Zimmer wohnen, das uns die Firma geben würde. Wenn der Vertrag nach einem Jahr ablief, konnten wir tun, was wir wollten, sogar weggehen und zurückfahren.

Traurigen Herzens gab ich ihr viele Küsse und dann hielt ich mir meine Hand vor den Mund, um nicht zu weinen, während sie untröstlich weinte. Und ich verstand mein Kind sehr gut. Sie hatte sich an unsere Verwandten nicht gewöhnt, weil wir weit weg wohnten und sie sie selten sah. Die Umgebung war unbekannt und fremd. Aber die zärtliche Oma und die schmeichelnden Worte trösteten sie etwas. Und wir mußten bald wegfahren....

Als wir den Zug nach Thessaloniki bestiegen, ließ ich die Tränen meine Erinnerung und meinen Schmerz wegspülen, und ließ sie laufen, ohne mich vor jemandem zu schämen. Ich hatte mich vorläufig von meiner Tochter getrennt. Aber ebenso vorläufig würde ich mich jetzt auch von meinem anderen Kind trennen.

Die Dinge verliefen bei meinem Sohn nicht so dramatisch. Er war kleiner, er verstand nicht viel und spielte sorglos, als wir zum Bahnhof fuhren.

Meine beiden Schwestern begleiteten mich und wünschten mir alles Gute mit auf den Weg.

«Mach dir keine Sorgen. Wir werden auf deinen Sohn aufpassen, und später holen wir auch deine Tochter, damit die Kinder zusammen sind».

Nachwort

Der Zug würde gleich abfahren. Wir heben die Last hinauf, ein unendlich schwerer Koffer, der wenige Sachen beinhaltete, aber viele Träume. Soviele, daß das Gewicht für unsere vier Hände zu schwer war, um ihn hochzuhieven und ihn abzustellen.

Der Zug pfiff und fuhr langsam an. Eine letzte Verabschiedung von meinen Schwestern und wir sahen schweigsam aus dem Fenster hinaus, bis sie verschwanden und nur noch als zwei Schatten zu sehen waren, die mit weißen Taschentüchern winkten.

Ich verkroch mich in meinen Sitz. Meine Gedanken flogen mit noch größerer Geschwindigkeit als der Zug in die Vergangenheit.

Dann begann ich leise vor mich hin zu singen:

«Ich dachte, eines Tages würde vielleicht etwas aus mir werden
ich glaubte, sicher würde ich die Freude finden
mit wieviel Energie suchte ich mir einen Weg
der mir wenigstens einmal meine Wünsche erfüllte.

Aber die Freuden des Lebens betrogen mich
sie gingen nur an mir vorbei
ohne mich ein bißchen zu berühren
aber ich bin es, die sich so vieles vorgestellt hatte
ich bin es, die dieses Lebens müde wurde

und aus ihm werde ich betrogen gehen.

Ich bin betrogen, ich betrogen, die Hoffnungen betrogen mich
die Träume haben mich betrogen, das Leben hat mich be trogen
und jetzt habe ich als Gesellschaft drei oder vier Falten
und eine Hoffnung, vielleicht könnte der Traum sich er füllen,eines Morgens.

Aber die Freuden des Lebens betrogen mich...

Ich war noch im Zug, als ich mir selber versprach, alle die schwierigen Tage, die ich durchlebt hatte, zu vergessen und ein anderer Mensch zu werden, damit ich alle unverwirklichten Dinge erfüllen konnte, die ich mir gewünscht hatte.

Das Leben breitete seine Flügel aus, um mich zuversichtlich zu empfangen. Ich war jung, gesund, bereit zu arbeiten, bereit, jede schöne Minute mit meinem Gefährten auszukosten. Die Vergangenheit würde in Erinnerung bleiben. Ich würde die Gegenwart leben, so gut ich konnte. Schluß mit den Tränen und den Sorgen. Die Kinder brauchen eine lächelnde und gesunde Mutter, damit auch sie dem Chaos, das sich Leben nennt, gegenübertreten können.

Am dritten Tag schien mir das Pfeifen des Zuges lauter. Etwas durcheinander stieg ich aus, als wir unser Ziel erreichten. Der Bahnhof war voller Leute. Einige liefen, um irgendeinen Zug zu erreichen, andere eilten hin und her, und andere gingen langsam, beladen mit ihrem Gepäck.

Ich hielt meine Tasche fest, in der der Umschlag mit unseren Papieren war. Das war das einzig Sichere, bis wir ein paar Worte Deutsch gelernt hätten. Wir waren zwei fremde Gestalten unter vielen Fremden. Ich erschrak kurz und faßte nach der Hand meines Manes, denn so waren wir zu zweit, um allem zusammen gegenüberzutreten: Überraschungen, Sorgen, Freuden, die uns in einem unbekannten Land erwarteten. Wir wollten gemeinsam das Leben berühren, das sich vor uns öffnete und uns einen neuen Horizont versprach.

Eleni Delidimitriou-Tsakmaki wurde 1938 in Zangliveri bei Thessaloniki geboren. Sie hat mit 17 geheiratet und anschließend ist sie zusammen mit ihrem Mann nach München emigriert, wo sie bis heute lebt und arbeitet. In ihrer Freizeit hat sie sich für Kultur- und Sozialarbeit engagiert. Sie hat neben dem autobiographischen Roman „Die Stoffpuppe" auch das Theaterstück „Tragikomische Szenen aus dem Leben der Migranten" auf griechisch geschrieben und in vielen Städten Deutschlands mit Senioren aufgeführt. „Die Stoffpuppe" ist zur selben Zeit mit der deutschen Ausgabe auch auf griechisch erschienen (Lampsi, Athen 1994). Zur Zeit bereitet sie ihren zweiten Roman, der die „deutschen Jahre" ihres Lebens behandelt.